전쟁으로 보는 동양사

글 살라흐 앗 딘
그림 압둘와헤구루

BOOKER

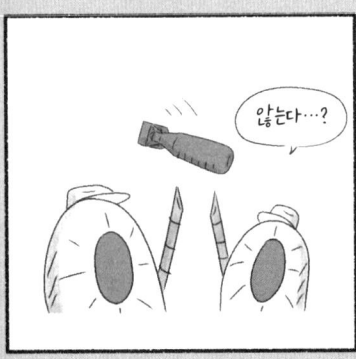

서문

겪어보지 않은 자에게 전쟁은 달콤한 것이다

'전쟁으로 보는 역사' 시리즈의 첫 번째 포문을 연 《전쟁으로 보는 서양사》가 나온 지 1년이 넘었다. 그 1년 동안 세계는 얼마나 변했을까? 안타까운 일이지만, 세계는 더 안 좋은 쪽으로 향하고 있는 것으로 보인다. 지도자의 오만과 잘못된 판단으로 시작된 러·우 전쟁은 끝날 기미가 보이지 않고 2023년 10월 7일에는 이스라엘과 하마스 사이에 전쟁이 터졌다. 계속되는 전쟁의 여파로 신냉전은 가속화되고 있으며 물가는 꺾일 기미가 보이지 않는다.

지금까지 인류의 역사에서 수없이 많은 비극적인 전쟁들이 벌어졌고 그보다 훨씬 많은 사람들이 그러한 전쟁의 참상을 보고 평화를 외쳐왔다. 그런데도 아직까지 우리가 전쟁이라는 끔찍한 단어에서 벗어나는 것은 힘든 일인 듯하다. 물론 전쟁이 '필요'한 순간이 있었을지도, 혹은 피할 수 없는 전쟁이 있었을지도 모른다. 그런 맥락에서 전쟁은 어쩌면 필요악일

지도 모른다. 하지만 아무리 필요하더라도 그것은 언제나 악이며 선은 아니다. 초패왕 항우가 활동하던 기원전부터 지금 이스라엘 하마스 분쟁까지, 전쟁의 본질은 나와 같은 사람을 죽이는 것이다. 도구가 칼에서 총으로, 총에서 핵으로 바뀌었을 뿐 전쟁의 본질은 변하지 않는다.

　전쟁을 둘러싼 역사적인 맥락과 결론이 나지 못할 논쟁들은 뒤로하더라도, 우리가 전쟁에서 벗어나지 못한다면 최소한 그것에 대해 이해하는 것은 필수적일 것이다.

　이 책에서 소개하는 동양의 전쟁사가 상기한 질문에 대한 답을 찾는 독자들의 이정표 역할을 할 수 있을 거라 기대한다. 전쟁을 지시한 왕과 황제들, 이를 지휘하는 장군들과 전쟁이라는 거대한 파도에 휩쓸린 병사들 개개인의 이야기까지. 다른 생각을 가지고 전쟁이라는 같은 상황에 놓인 여러 사람들이 닥쳐오는 비극 속에서 어떤 행동을 했으며, 또 이런 행동들이 어떤 결과를 불러왔는지 알아보는 과정은 단순한 오락거리를 넘어 우리들에게 때로는 위대한 지침서가 될 수도, 반면교사가 될 수도 있다. 이 책이 당신에게 어떤 의미로 다가오든, 그 의미에 대해서 다시 곱씹을 수 있는 시간이 있기를 바란다.

2023년 12월

글 작가 살라흐 앗 딘

차례

서문	겪어보지 않은 자에게 전쟁은 달콤한 것이다 … **5**

1장 소… 솔직히 유방을 놓친 건 잘못이라고 생각해요… … **12**
　　 초한전기 상(上)편 — 기원전 206년

2장 범증아 그게 무슨 소리니… … **21**
　　 초한전기 하(下)편 — 기원전 202년

3장 안녕하세요~ 황건적입니다. 우와~ 한나라 보소? … **33**
　　 황건의 난 — 184년

4장 배신하진 않겠지? → 진짜 배신함 … **39**
　　 탈라스전투 — 751년

5장 상대가 칭기즈 칸이잖아. 이른바 명예로운 죽음을 당한 거지 … **50**
　　 몽골 제국의 이슬람 원정 — 1219~1260년

6장 원정을 갔더니 유럽이 정리된 건에 대하여 … **71**
　　 몽골의 유럽 원정 — 1236~1242년

7장 그렇게 남송은 멸망했다. 왜냐면 몽골이 짱짱 강했던 것이다 … **81**
　　 남송과 몽골 전쟁 — 1235년, 1258년, 1267년

8장 몽골은 못 말려! 태풍을 부르는 장엄한 전설의 전투 ⋯ **91**
몽골 제국의 일본 원정 — 1274년, 1281년

9장 몽골 너 개못하잖아 ⋯ **107**
몽골 제국의 베트남 원정 — 1257년, 1284년, 1287년

10장 홍박사⋯ 아니, 홍건적들을 아세요? ⋯ **125**
몽골 제국의 쇠퇴와 주원장 — 1351~1368년

11장 공성전도 못하는 유목민 주제에 네가 뭘 할 수 있는데 ⋯ **132**
토목의 변 — 1449년

12장 기분 X같은 일이 생겨도 샤워하면서 혼자 나는 누구?
"무로마치 막부 쇼군 후계자" ⋯ **152**
오닌의 난 — 1467년

13장 적은 혼노지에 있다! ⋯ **161**
오다 노부나가 — 1534~1582년

14장 조선이 무너졌다고 해서 구경하러 갔죠.
그런데 보고 오니 우리 일본이 무너진 거예요 ⋯ **169**
세키가하라 전투 — 1600년

15장   **동인도 주식 말X양봉호로섹X출발** … **178**
           1차 아편전쟁 — 1840~1842년

16장   **사실 나는 예수의 동생이었던 거임** … **196**
           태평천국 — 1851~1864년

17장   **솔직히 영국 고까우면 개추. 일단 나부터 ㅋㅋㅋㅋ** … **208**
           세포이 항쟁 — 1857~1859년

18장   **사고방식 자체가 우리와는 다릅니다** … **224**
           청일전쟁 — 1894~1895년

19장   **지구는 둥그니까~ 자꾸 항해하다 보면~
           온 세상 일본군을 다 만나고 오겠네~♪** … **235**
           러일전쟁 — 1904~1905년

20장   **하, X발, 아… 개석이 형! 형 국민당이 왜 그 꼴인지 알아?** … **244**
           만주사변 — 1931~1932년

21장   **이 정도면 공교육이 잘못되었데스** … **254**
           난징함락 — 1937~1938년

22장 **미… 미… 미X놈아 니가 먼저 잘못했잖아! … 264**
진주만 — 1941년

23장 **너에게 '캐삭빵'을 신청한다 … 272**
미드웨이 해전 — 1942년

24장 **무승부로 하지 않을래…? … 283**
과달카날 전역 — 1942~1943년

25장 **"I will be back" … 291**
필리핀 탈환 — 1944~1945년

26장 **무고한 민간인은 없다! … 298**
일본 본토 공습 — 1945년

27장 **나는 이제 죽음이요, 세상의 파괴자가 되었다 … 306**
히로시마 원폭 투하 — 1945년

28장 **현 시간부로 중국과 나는 한몸으로 일체가 된다 … 315**
2차 국공내전 — 1946~1949년

사진 및 그림 출처 … **322**

1장
소… 솔직히 유방을 놓친 건 잘못이라고 생각해요…

— 초한전기 상(上)편 —
기원전 206년

커뮤니티에 달린 댓글들

블랙**
볼때마다 재미있네 ㅋㅋㅋ

글**
학습만화를 출판해도 될 정도네요. 너무 감사해요.

Ne**
드디어 빠이널리

여기는 고대 중국! 500년이 넘도록 피 터지게 싸웠던 춘추전국시대와 더 격렬했던 학자들간의 싸움에서 이긴 것은

다름 아닌 진시황의 진나라와 법가 체제였다!

통일 후 진나라는 법가의 방식으로 엄격한 통치를 시행했는데

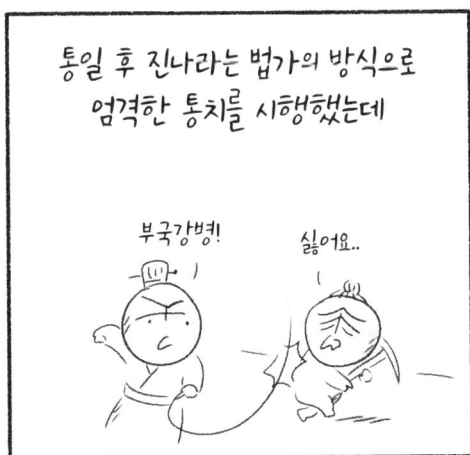

정복된 땅을 관리하는 것도 미숙했던 진나라는

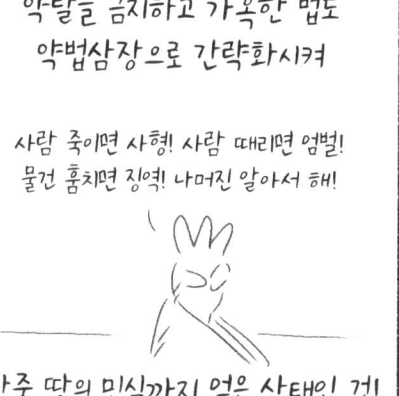

항우는 그대로 함곡관을 개박살내고 유방을 잡으러 오기로 한다.

없었슴니다!!

운 좋게 유방은 항우의 숙부되는 항백이라는 자를 만날 수 있었는데,

뭐요 배신자!

아니 얘기좀 들어주세요 엉엉

유방이 변명이 통한 것인지, 그냥 술에 과하게 취한 건진 몰라도

전 도적떼 막으려고 함곡관을 닫은 건디 항장군 드리려고 보물들도 손도 하나도 안대구 있었는데 억울함다

아유 내가 그 마음 다 알지 알어

항백은 항우에게 유방이 배신할 의도가 없었다고 설명해주었고,

..라던데? 글쿠나

항우도 대충 그렇구나 하더니 함양 공격 계획을 취소하니...

유방 같은 소인배가 나한테 감히 개길 생각할 리가 없지!

이를 보다 못한 범증이 개빡치고 말았다!

2장

범증아 그게 무슨 소리니…

- 초한전기 하(下)편 -
기원전 202년

커뮤니티에 달린 댓글들

[곽*
개씹꿀잼

포텐견**
너무 재밋어!! 더 그려줭

FM라*
좋습니다. 추천!

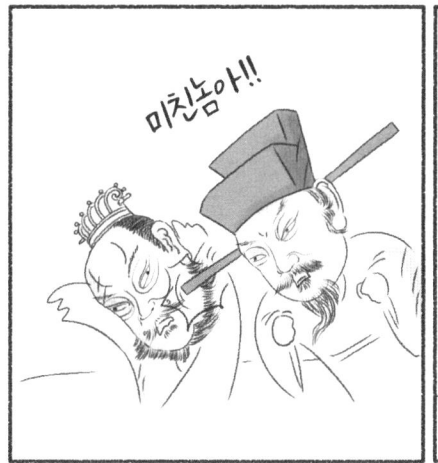

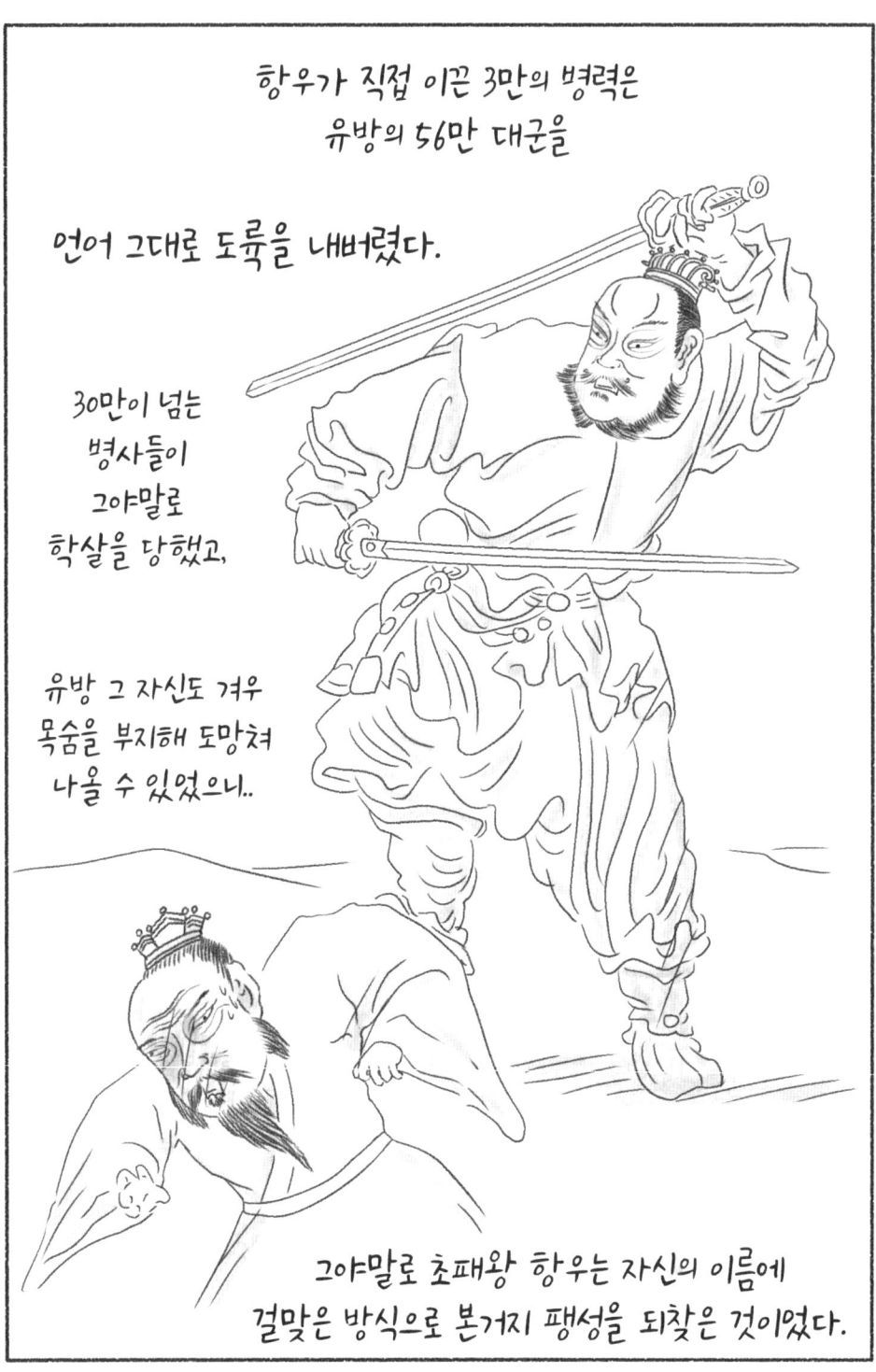

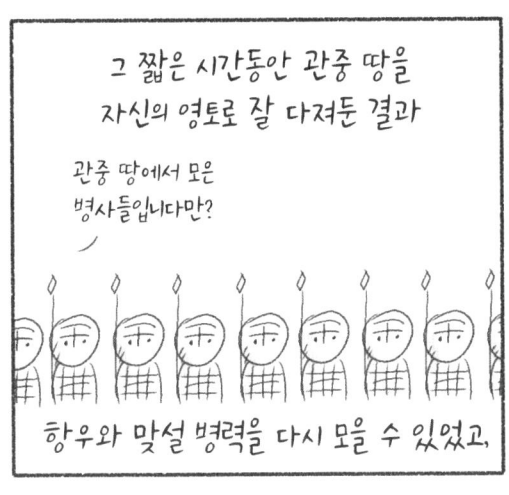

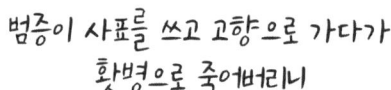

이런 상황에서 유방은 항우와 정면승부를 거는 대신 대치만 하면서
다른 장수들로 항우 밑에 있던 영주들을 하나하나 잘라먹으니

팔다리가 잘려나간 초나라는 하는 수 없이
유방과 천하를 반으로 나눠 통치하기로 협상을 한다.

괜찮은 아이디어였기에 유방은
물러나는 초나라군을 기습했다.

이제 두 호걸의 마지막 싸움은 해하에서 벌어지는 것이었다.

力拔山兮氣蓋世
힘은 산을 뽑고 기개는 세상을 덮었거늘
時不利兮騅不逝
시운이 불리하니 추도 달리지 않는구나.
騅不逝兮可奈何
추마저 달리지 아니하니 나는 어찌해야 하는가.
虞兮虞兮奈若何
우희여, 우희여! 그대를 또 어찌해야 하는가.

漢兵已略地
이미 천하를 한나라 병사들이 차지하니
四面楚歌聲
사방에서 들려오는 초나라의 노랫소리
大王義氣盡
대왕의 의기가 다하였다면
賤妾何聊生
천첩이 살아서 무엇하리요

한나라 병사들에게 포위된 초패왕 항우는
그 곤궁한 상황속에서도

내가 군사를 일으킨 이래 지금으로써 8년이 되었다.
그 동안 몸소 70여 차례의 전투를 치렀고,
내 앞을 가로막은 자들은 모두 목을 베어 죽였다.
나의 공격을 받은 성들은 모두 항복을 하였고,
나는 지금까지 한 번도 싸움에서 진 적 없이 천하를 제패했다.
그러나 오늘 내가 졸지에 이곳에서 곤궁한 처지에 놓이게 되었다.
이것은 하늘이 나를 망하게 하려는 것이지
내가 싸움을 잘하지 못해서 지은 죄가 아니다.

오늘 내가 한사코 죽음을 무릅쓰고 통쾌하게 싸워
반드시 세 번 싸워 모두 이김으로써,
너희들을 위해 한군의 포위망을 풀고,
적장들의 목을 베면서 적군의 깃발을 부러뜨려,
지금 내가 이런 곤궁한 처지에 놓이게 된 이유는
하늘이 나를 망하게 하려고 했기 때문이지
내가 싸움을 못했기 때문이 아니라는 사실을
지금부터, 증명해 보이겠다.

몸소 한나라 병사들과 장수들의 목을 베어나가며 포위망을 뚫었고,

어느덧 오강에 이르렀다.
허나 도망치기를 권하는 부하들을 물리친 채
쫓아오는 한나라 병사들과 마지막 싸움을 하는데,
그들 중에 옛 부하 여마동을 발견하고는 이렇게 말했다.

**내가 듣기를 한왕이 내 목을
천금과 만호의 영지로 산다고 하니,
내 그대들에게 은혜를 베풀어 주겠다!**

하며 스스로 자결하여 그 생을 마감했다.
항우의 유일한 패배이자 마지막 패배였으니,
그 최후의 최후까지도 그는 패왕다운 기색으로 떠나갔다.

3장
안녕하세요~ 황건적입니다.
우와~ 한나라 보소?

― 황건의 난 ―
184년

커뮤니티에 달린 댓글들

비에**
멘트 하나하나가 주옥같네 ㅋㅋㅋ

보**
개추박고 감상

동네***
엄청 쑥쑥 잘읽히고
내용도 재밌습니다

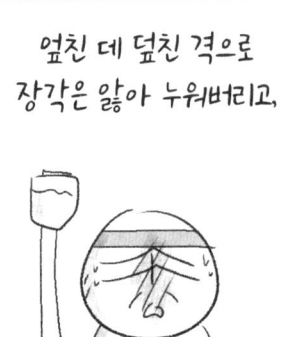

4장

배신하진 않겠지? → 진짜 배신함

- 탈라스전투 -
751년

커뮤니티에 달린 댓글들

슬로***
이번 편은 되게 의미 있지만 알려지지 않은 전투네요!

미비**
그래서 우리가 중앙아시아 음식을 먹을 수 있는...

별빛에***
재밌게 봤습니다. ㅊㅊ

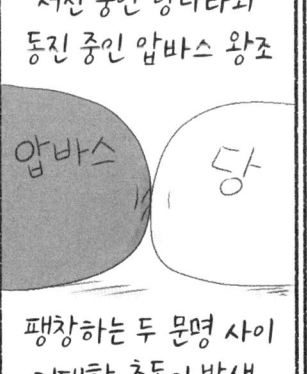

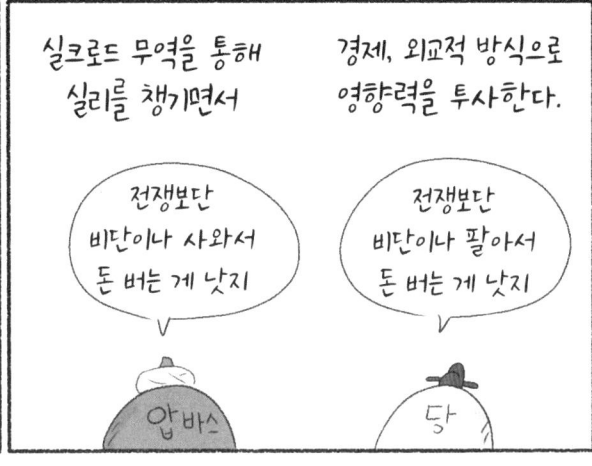

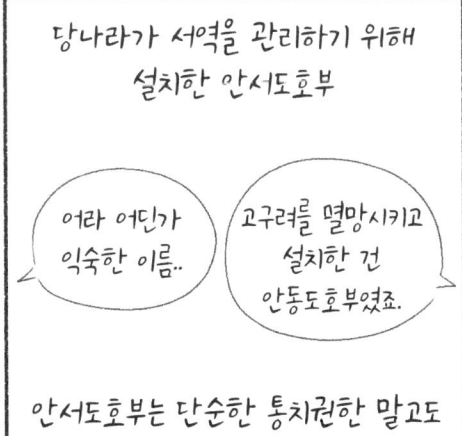
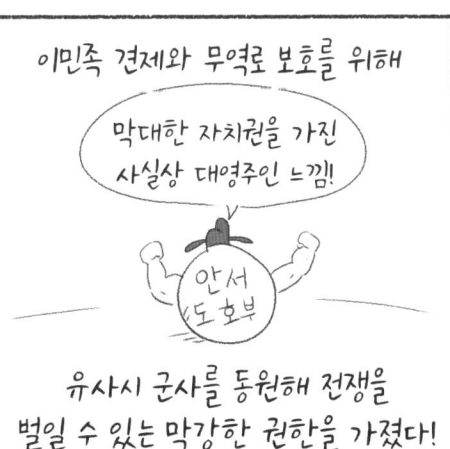

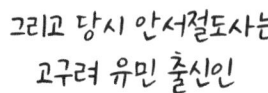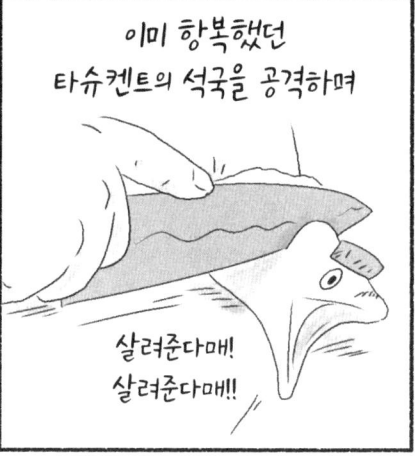

안서도호부의 병력은 이슬람 제국에 비하면 열세였을 뿐 아니라  그마저도 현지 용병 비율이 높았기에,	고선지 입장에서는 이들의 충성도를 의심할 수밖에 없었다. 
그렇게 당나라군은 패배했다. 	처음에는 당나라군에 있었던 튀르크계 유목민족인 카를룩족이  갑자기 배신하고 압바스 편으로 붙으니
순식간에 병력 열세에 몰린 안서도호부의 당나라군은  호라산 총독의 이슬람 군에게 박살이 났고	고선지는 겨우 목숨을 건져 돌아오게 된다.. 

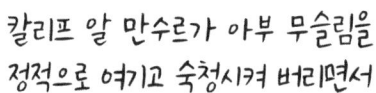

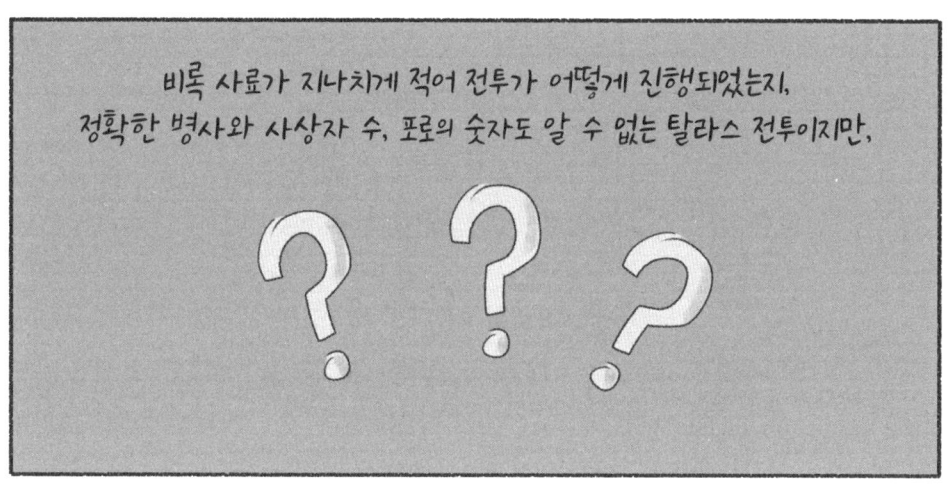

5장
상대가 칭기즈 칸이잖아. 이른바 명예로운 죽음을 당한 거지

— 몽골 제국의 이슬람 원정 —
1219~1260년

커뮤니티에 달린 댓글들

유진**
와 개꿀잼

릴케의**
몽골한테 걸리면 너도 나도 한 방

아무도**
호라즘 왕조의 무함마드 2세도 정말 비극의 명군이죠. '그토록 넓은 영토를 다스리던 내가 지금은 무덤 하나 정할 땅조차 없이 죽는다'는 게 유언인...

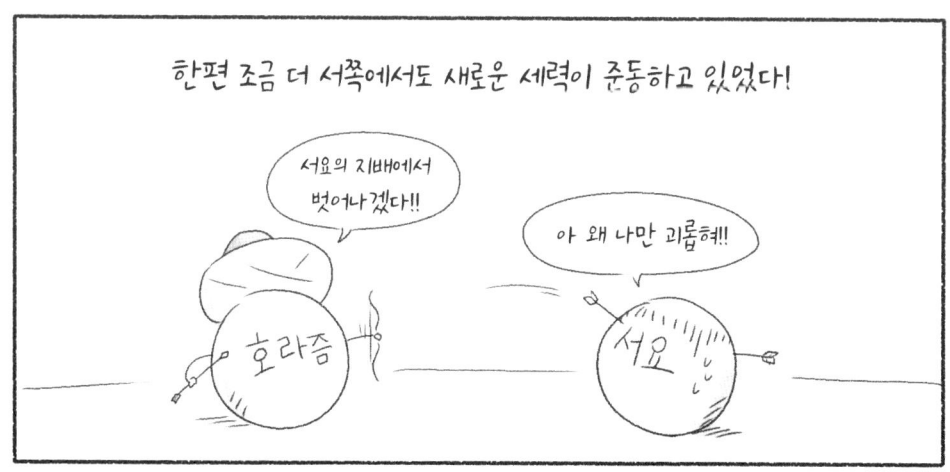

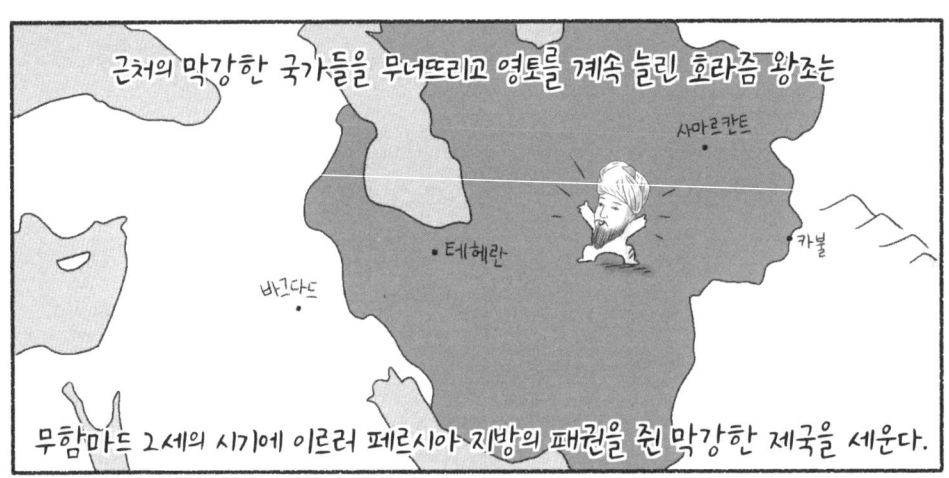

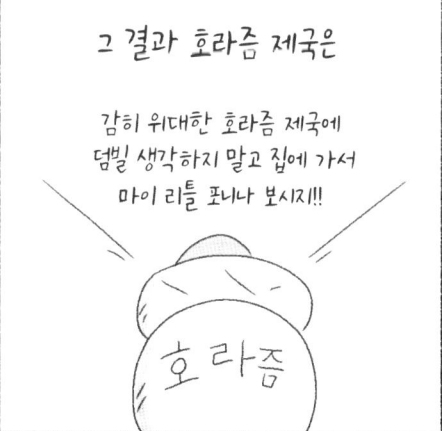

멸망했다.

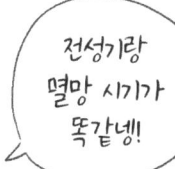

페르시아를 호령하던 최전성기의 대제국이

세계사 교과서에서 한 페이지 분량도 채우지 못하고 그대로 사라져버려진 것이다.

무함마드 2세의 능력으로 순식간에 영토를 팽창시킨 호라즘 제국이었지만

반대로 아직 각지의 총독과 장군들의 충성도가 높지 않았기에

무함마드 2세가 자리를 비운 사이 언제 반란이 터질 지 알 수 없었고

그 결과 병력을 모아 몽골군을 격파하는 방식 대신

병력을 각지의 요새에 분산 배치한다.

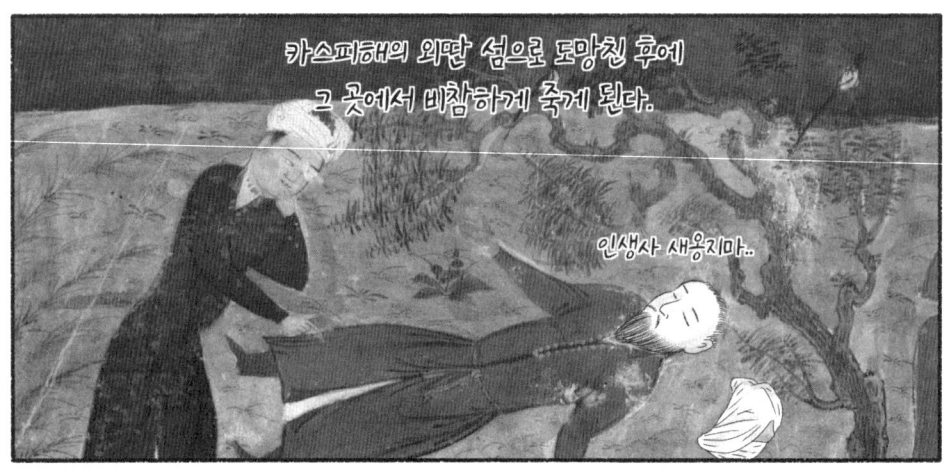

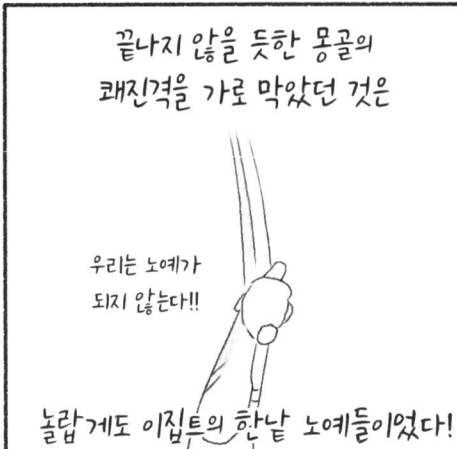

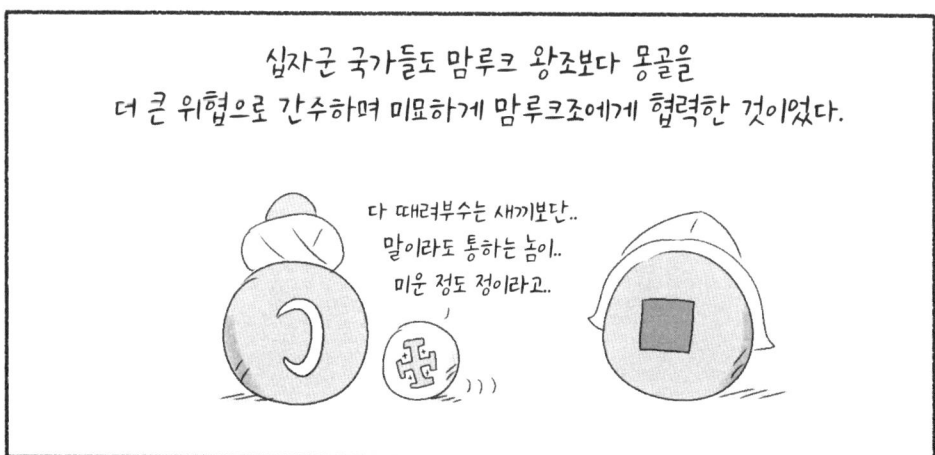

애꾸눈 장군인 바이바르스가 이끄는
맘루크 군은 지리에 익숙한 이점을 살려

몽골군을 유인하기 시작했다.

이런 전술은 몽골군이
자주 즐겨 쓰던 전술이었는데,

뭐지..이 익숙한 느낌은?

이번에는 역으로 몽골군이 속아 넘어갔고,

매복해있던 맘루크군이 몽골군을 포위하면서 막대한 피해를 입히기 시작했다.

물론 몽골군은 여전히 그 위세를 자랑하며 한동안 무너지지 않았지만

결정적으로 술탄 쿠투즈가 직접 기병대를 이끌고 몽골군에 충격을 가하자

죽어라 이교도!!

으앙 쥬금!

천하의 몽골군조차 패배를 직감하고 달아나는 수밖에 없었다.

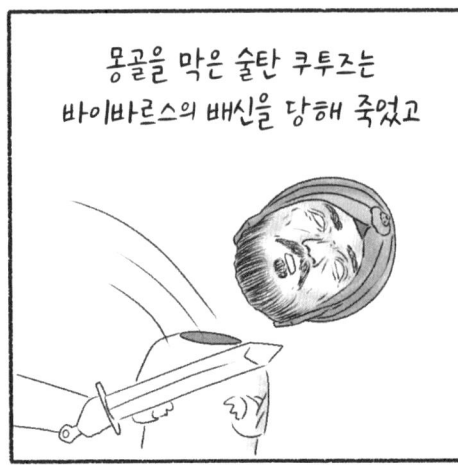

6장
원정을 갔더니 유럽이 정리된 것에 대하여

— 몽골의 유럽 원정 —
1236~1242년

커뮤니티에 달린 댓글들

극*
항상 감사합니다

기마창병****
폴란드 의문의 1패

어차피****
저 당시에는 궁기병이 깡패였죠. 말 타고 도망가면 잡을 방법이 없으니…

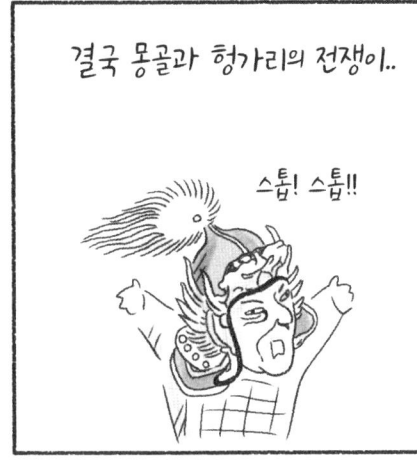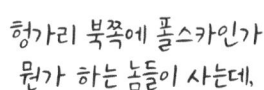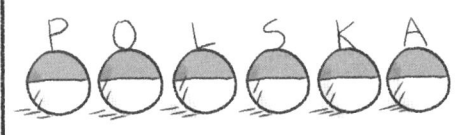

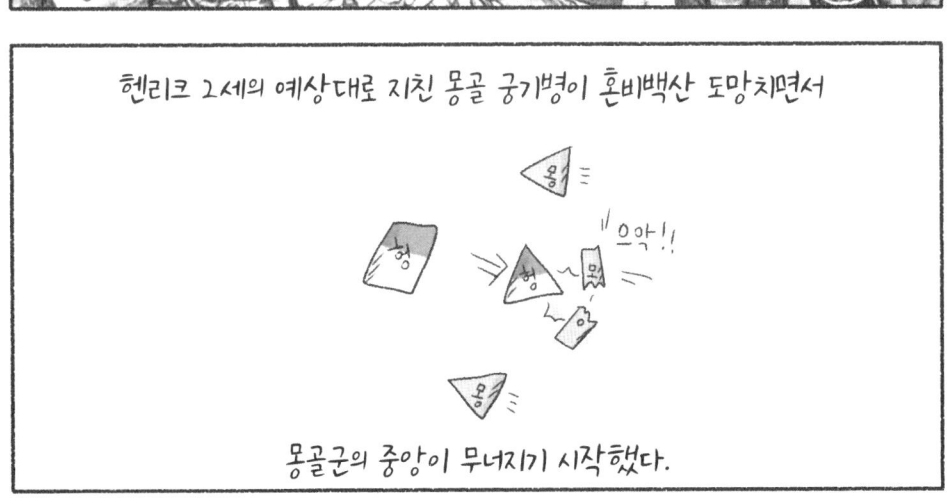

7장
그렇게 남송은 멸망했다.
왜냐면 몽골이 짱짱 강했던 것이다

— 남송과 몽골 전쟁 —
1235년, 1258년, 1267년

커뮤니티에 달린 댓글들

삼삼두**
저 당시에 인구가 1억? 이거 엄청난 겁니다.

마린이언****
커멘드 센터 많이 지으면 뭐함? ㅋㅋㅋ어차피 몽골한테는 한방인데

장명원**
한족이 1억 명인데 언제까지 최하층으로 놓을 수는 없죠. 결국 원나라의 몰락은 이미 예정되어 있던 것

10세기에 세워져, 중세 중국의 황금기를 이끈 송나라!

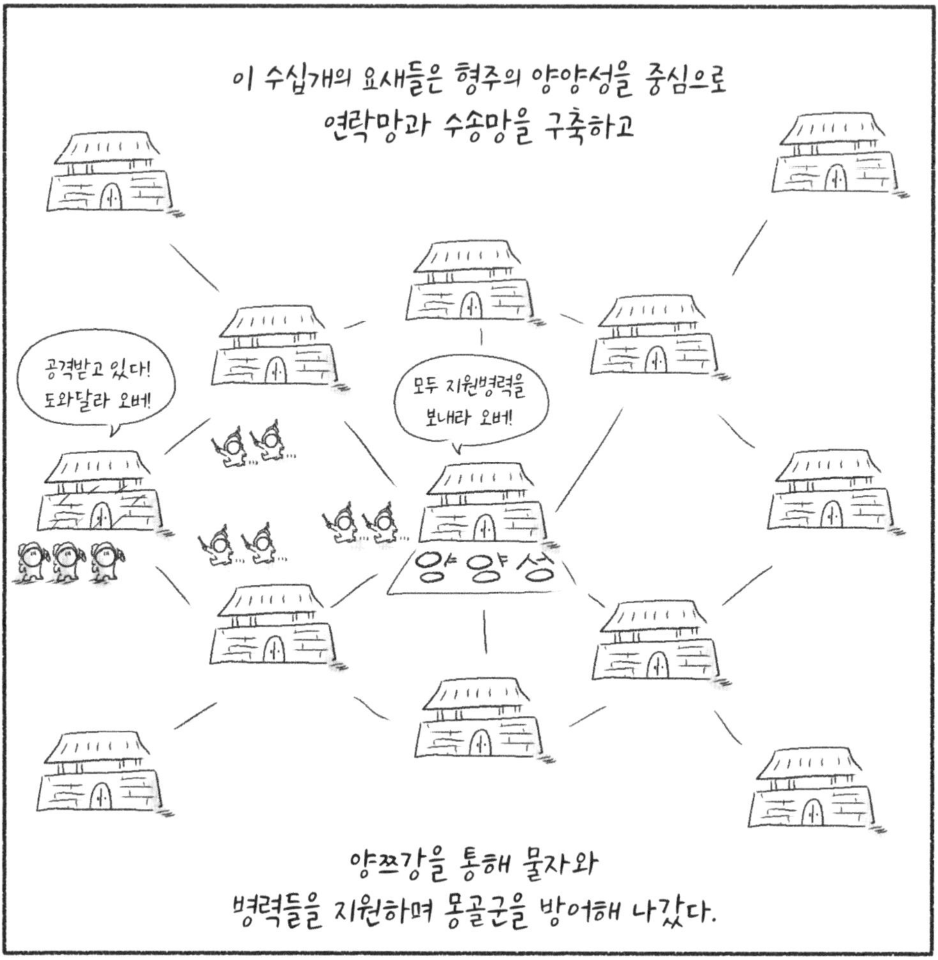

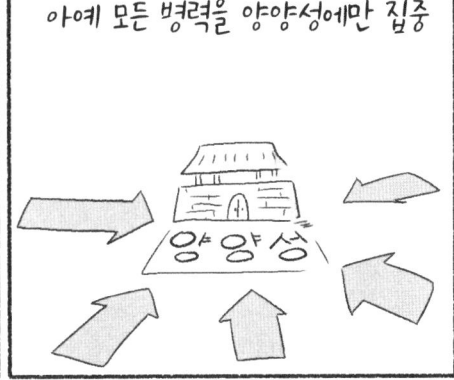

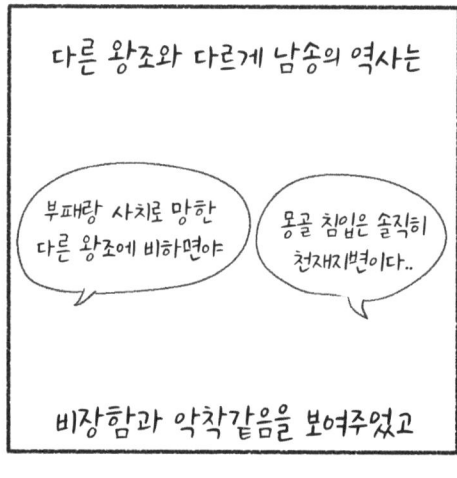

8장
몽골은 못 말려!
태풍을 부르는 장엄한 전설의 전투

– 몽골 제국의 일본 원정 –
1274년, 1281년

커뮤니티에 달린 댓글들

Or*
역사만화추

콩심은데콩****
태풍 정도가 아니면 몽골을 막을 수가 없었지

유진**
와 개꿀잼

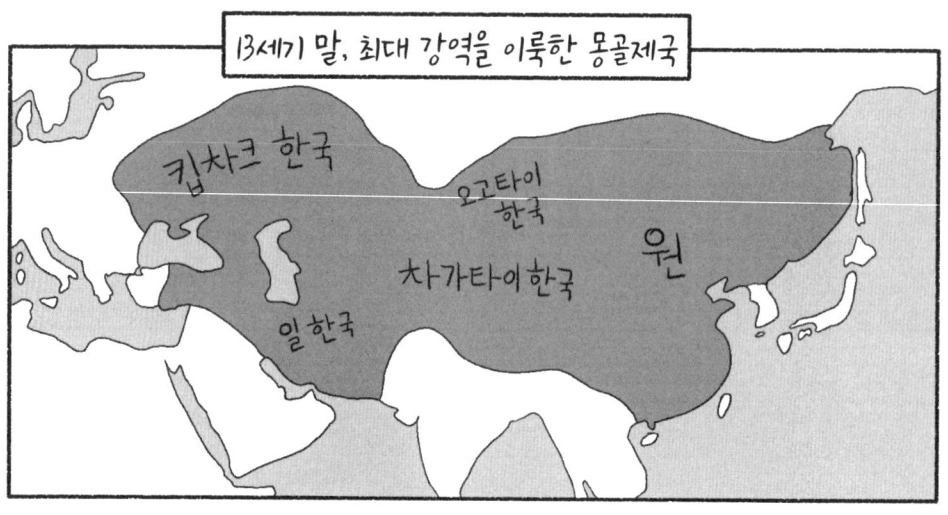

그렇게 고려군 약 15,000명과 몽골군 25,000명이 경상도에서 일본을 향해 원정을 시작했다

그리고 그에 맞서는 가마쿠라 막부의 사무라이들!!!

..는 개처럼 망했다.

몽골 장군들이 원정 실패 원인을 폭풍과 선박에 돌린 탓에

그렇게 또다시 폭풍이 원정군을 덮쳤다.

몽골은 못 말려!
태풍을 부르는 몽골의 물고기 로드

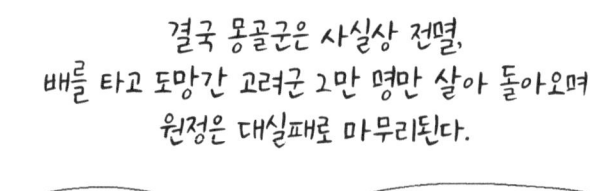

결국 몽골군은 사실상 전멸,
배를 타고 도망간 고려군 2만 명만 살아 돌아오며
원정은 대실패로 마무리된다.

"도망가자 할 때 도망칠 것이지 바보들"

"육지에 있던 덕에 폭풍에선 살았지만, 그 다음에 일본군한테 공격받아서..."

고려와 원나라는 자원만 낭비한 셈이었고,

살림 거덜나겠네..

그들을 격퇴한 가마쿠라 막부는

"이건 일본을 도와준 신의 바람, 가미카제다!!"

라며 위신을 세웠지만

"자, 이제 열심히 싸웠으니 영지를 주십사."

"엥 점령한 땅이 없는데 그런 걸 어떻게 줘요.."

오히려 혼란이 가중되었고,

"막부 개쓸모없네 뒤집어엎고 만다."

"으에에에..."

후에 가마쿠라 막부가 무너지며
일본이 왜구 소굴로 변하는 계기가 된다.

"명나라 조선 일본 국적불문하고 다 털어먹자!"

9장

몽골 너 개못하잖아

- 몽골 제국의 베트남 원정 -
1257년, 1284년, 1287년

커뮤니티에 달린 댓글들

악**
몽골과 미국을 이긴 나라...

> **오리****
> 진정한 전사의 나라 베트남......

남4**
사람이름이 어떻게 쩐흥다오 ㅋㅋ

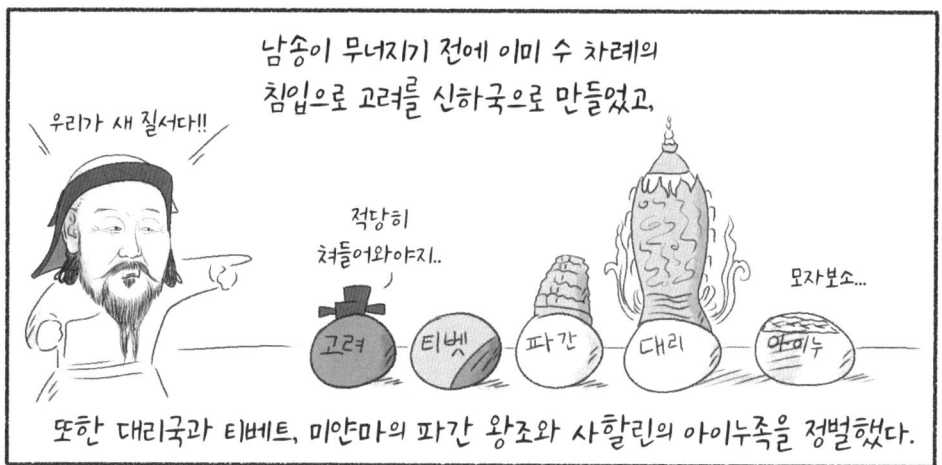

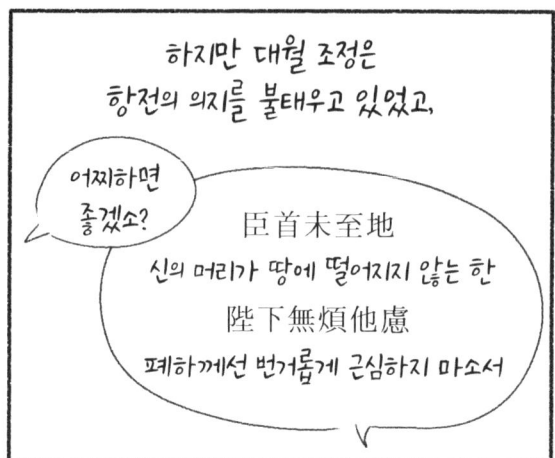
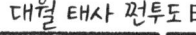

※ 쩐 인종이 불교에 귀의하는 것은 나중의 일이지만, 초상화가 이것뿐이라.

안 그래도 제후국을 하겠다면서 몽골의 다루가치 파견도, 입조도 거부한 대월의 행태에 원나라는 쩐 왕조를 고깝게 보고 있었고,

원나라가 병력을 보내 쩐 성종을 몰아내고 꼭두각시 황제를 세우려 시도하니 대월 입장에서도 원나라가 고깝게 보였던 터라

마침내 원나라는 5만 명을 동원한 1차 침공 때와는 다르게

50만 대군을 이끌고 대월 정복에 나선다!

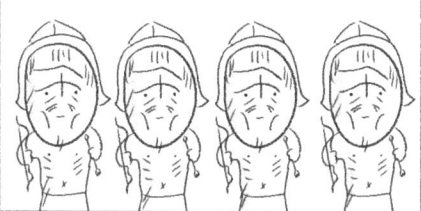

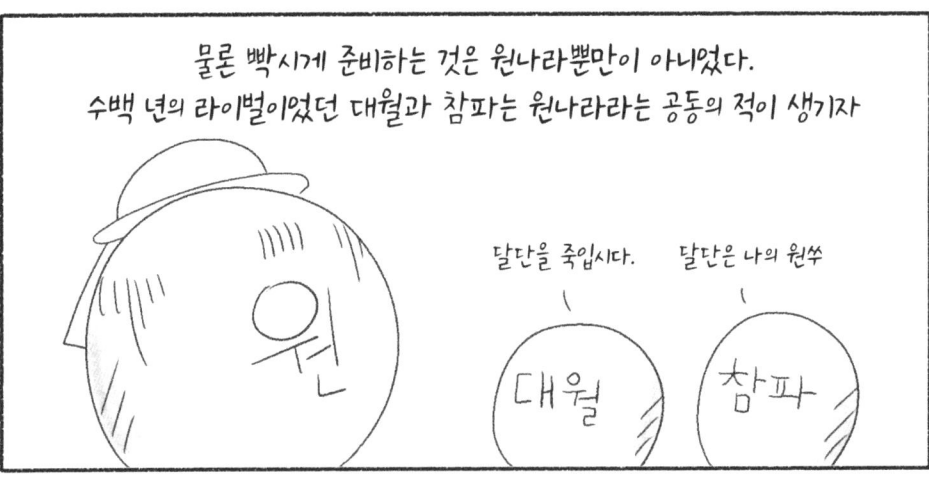

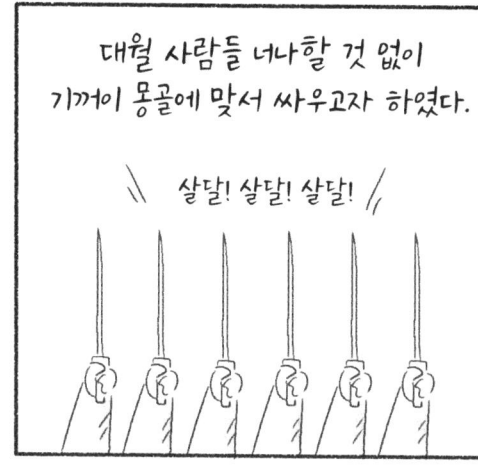

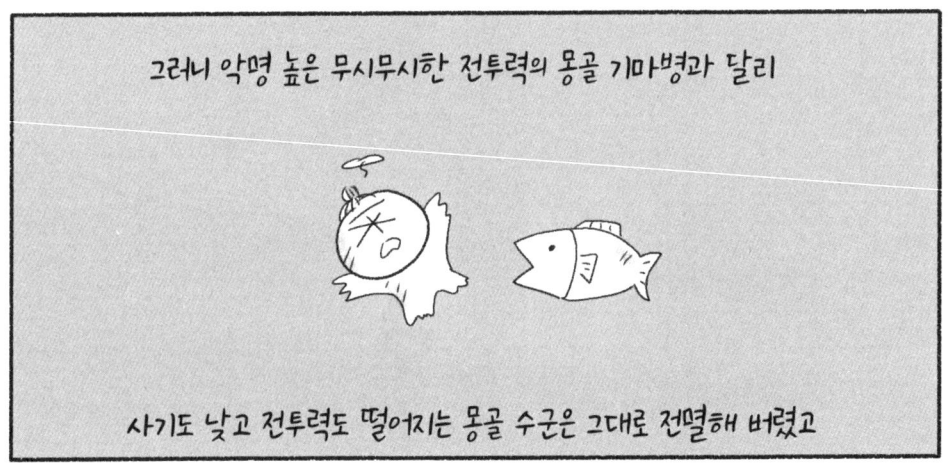

몽골의 베트남 원정은 3연속 베트남의 승리로 끝나고 만 것이다.

한편 여담으로 잠시 관계가 개선되었던 대월과 참파였지만,

자야 심하브라만 3세가 죽자, 현진공주는 힌두교 관습에 따라 순장될 것을 요구받았고,

> 우리 참파 왕국은 힌두교 왕국이야!

> 아니 대월은 한자문화권이라고!

현진공주가 이를 거부하고 대월로 도망가자

다음 왕 자야 심하브라만 4세가 분노하여 대월을 공격하나

오히려 쩐 영종의 역공을 받고 패하여

중앙집권국가의 힘을 보여주마..

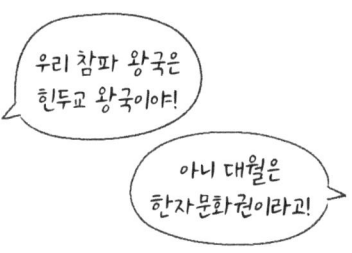

대월의 포로가 되어 죽었다고 한다..

하지만 나중에 포 비나수오르 왕 시대에 참파가 쩐 예종을 전사시키고 쩐 왕조가 무너지고 호 왕조가 성립되게 되죠. 복수의 성공이랄까..

10장

홍박사… 아니, 홍건적들을 아세요?

― 몽골 제국의 쇠퇴와 주원장 ―
1351~1368년

커뮤니티에 달린 댓글들

조성모의잎***
영원한 건 절대 없어~

금자*
너만의 퍼스널 컬러를 찾아보랙ㅋㅋㅋㅋㅋㅋㅋㅋ

최선은항상**
몽골이 이렇게 지는구나

지배층인데도 변변치 못한
생활을 하는 빈곤한 몽골인들이랍니다..

난 양치기밖에
못하는데..

농사? 상업?
이게 뭔데..한족아..

이런 상황에서 몽골인들은 거대한 제국을
유지하는 데 심각한 어려움을 겪었고,

안 그래도 몽골인이 적은데
남은 놈들도 정상이 아니라니..

결국 몽골제국은 피정복민에게
관료와 군인 자리를 맡겨야만 했다.

너희가 맡아 하도록 해.

하오하오!
일도 잘하오!

당연히 이는 몽골족의 지배 하에서
칼을 갈고 있는 중국인들에게

근데 왜 우리는 일도
하는데 차별대우함?

꼬와?

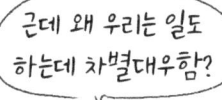

몽골에 대항할 힘만 심어준 격이었다

안 그래도 약한 행정력으로
위태위태하던 원나라는 점차

인플레이션의
기미가 보입니다..

농민들의 분노가
하늘을 찌릅니다..

몰락의 징후를 드러내기 시작했고,

그 동안 쌓아놨던 부와 군사력으로
전전긍긍 문제들을 덮어나갔으나..

지폐를 우선 더 뿌려서
농민들을 다독여보자.

인플레이션은..?

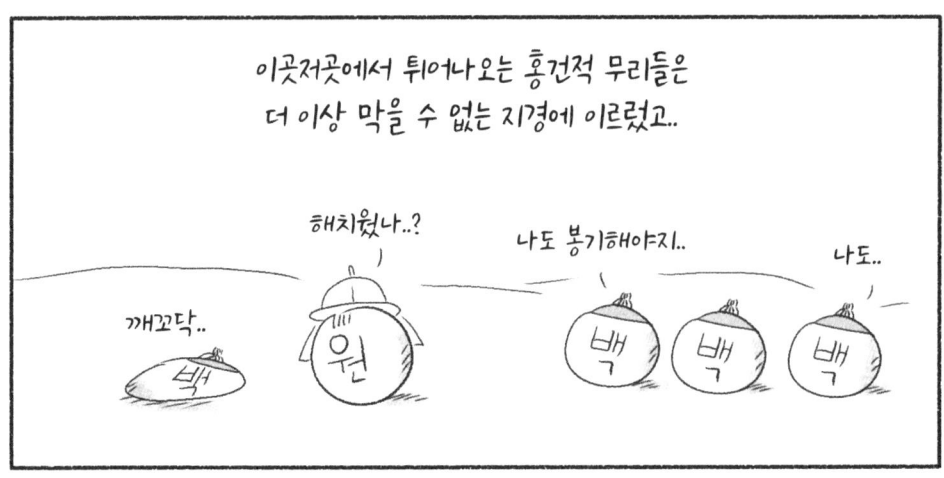

몽골족이 떠난 자리에 주원장의 명나라가 패권을 가져오게 된다.

결국 우리 홍건적의 승리지?

백련교 최고야!!

한편 옆 나라 고려에서도 홍건적이 쳐들어와 깽판을 친 덕분에,

이성계같은 신흥무인세력이 힘을 얻고

새로이 조선을 세웠으니 백련교 혼자서 두 개 왕조를 세우는데 도움을 준 셈이 된 것이다.

그냥 침략자잖아..   헤헷..

물론 그런 큰 영향력에도 백련교가 흥하는 일은 없었다..

아무튼 이렇게 백련교도들이 승리했으니 이제 국교는 백련교인가?

왜냐하면 백련교도 출신인 주원장이 즉위 후 친히 백련교를 금지했기 때문이다...

응 아니야 너희 같으면 예비 반란분자를 놔두겠니?

국교라매! 국교라매!

11장
공성전도 못하는 유목민 주제에
네가 뭘 할 수 있는데

— 토목의 변 —
1449년

커뮤니티에 달린 댓글들

히말라야크***
서양에 처질이 있다면 동양에는 왕진이 있다

나의꿈은***
후퇴 루트에 내 고향이 있다도륵ㅋㅋㅋㅋㅋ 나라랑 체면 중에 뭣이 더 중헌디?

널씹어먹**
어느 동네나 윗대가리가 생각이 없으면 나라가 기우는구나

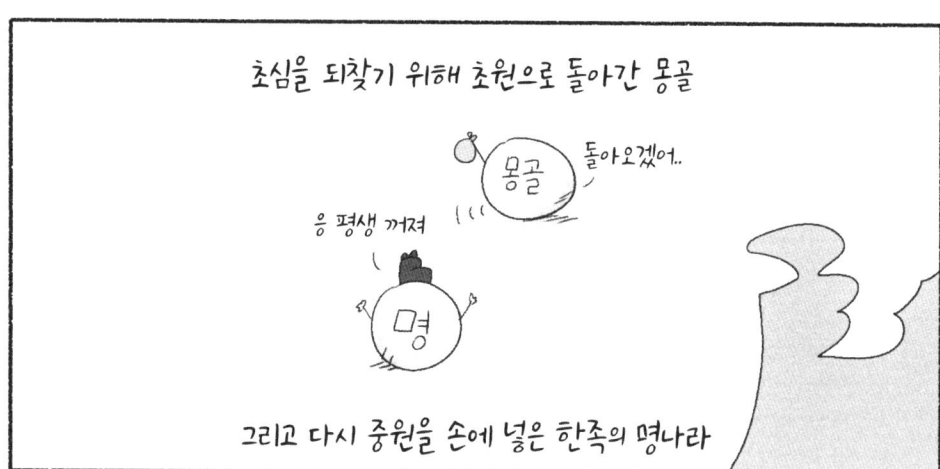

몽골 부족들 입장에서도 괜히 중국을 건드리기보단
교역을 통해 실리를 얻어가는 것이 좀 더 편하고 짭짤했기에

몽골은 조공의 명목으로 말을 바치고, 중국은 답례로 비단과 식량을 하사하는

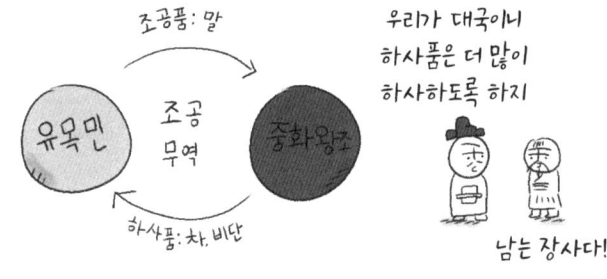

이른바 조공무역 시스템이 자리잡게 된다.

물론 이 무역시스템이 자리잡자, 너도나도 한 몫 잡기 위해 끼어들며
중국의 손해가 점점 커져만 갔고,

또한 유목민들이 말 값과, 말 마릿수를 부풀리며 과도한 이득을 챙겨가자  조공품으로 건강한 말 3마리를 가져왔소!	명나라도 이건 좀 아니다 싶었는지 무역을 제한하고,  조공무역 외의 사무역 금지! 환관 왕진 공정거래를 시도한다.
솔직히 들으면 맞는 말이긴 한데,  뭔 커피도 아니고 공정거래야 앞으로는 말 마릿수는 정확하게 세고 말 가격도 시세에 맞게 받겠소!	맞는 말을 하면 맞게 되는 법이다.  그럼 강제로 가져가마!
에센 타이시가 이끄는 오이라트*가 명나라 국경지대를 박살내고 약탈을 시작하니 약탈 멈춰!!	당황한 명나라도 그냥 유목민들의 요구를 들어주는 것을 고려한다.  이러다가 베이징까지 쳐들어올라.. 그냥 돈 주고 돌아가라 하자..

※ 오이라트는 '숲의 사람들'이라는 뜻으로, 몽골 서부의 부족을 뜻한다

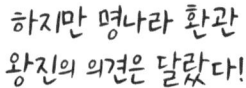

하지만 명나라 환관 왕진의 의견은 달랐다! 우리는 싸운다!! 	얼핏 보면 유능한 전시내각 수상 같은 느낌이지만 우린 절대 항복하지 않을 것입니다! 
사실 왕진의 목적은 따로 있었다! 히히히　　X도 없으면서 X나 용맹하군.. 	명나라 황제 정통제의 스승으로 거의 비선 실세나 다름없는 권력을 쥐고 있던 왕진이었지만 명나라 너무 좋아! 
탐관오리로 명성이 자자하였기에 수많은 관료들의 견제를 받고 있던 차였다. 너만 빼고 	그러니 이번 기회에 몽골군을 쳐부수고 업적을 세워서 나랑 황제 폐하의 권위를 드높이면 아무도 못 까불 거야! 

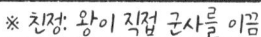

급작스러운 친정 전개였지만, 그럼에도 명나라에는 무려 50만 정예병이 있었다!!

다만 문제는 이게 뻥튀기된 숫자였을 수도 있고,
혹여 서류로만 존재하는 종이 군대였을 수도 있다는 점이지만..

서류에는 이 마을에 장정 20명이 있댔는데 왜 5명밖에 없냐?

전염병 땜시 다 뒤졌슈

그럼에도 명나라 정예부대가 직접 몽골을 치러 간 것은 맞긴 하다!

내 머리숱처럼 좀 비는디...?

하지만 중앙 관료들도 왕진의 말 한마디 한마디에
감히 태클걸지 못하는 상황이었기에 정작 장수들의 의견은 무시되기 일쑤였다.

50만 대군이 가는데
오랑캐 따위야 한 방이지!
자 선봉대를 보내서 박살내고 와라!

전쟁 그렇게
하는 거 아닌데,

한편 명나라가 쳐들어 온다는 소식을 들은 에센 타이시의 오이라트 군대는..

으아아, 약탈만 하고
싶었던 것뿐인데..

초심 되찾겠다고 초원에 왔는데
이젠 초원도 잃게 생겼네..엉엉

우리 군대가 명나라 선봉대를
개박살내고 왔대요.

예?

어?

그랬다가는 남송 꼬라지가 날 것이라는 강경파가 단합하며

우리 함락당해서 천도한 거지 먼저 쫄아서 튀진 않았다.

여..역사에 겁쟁이로 남을 수는 없는 법..!

베이징 성곽을 보강하고 병력을 모아 오이라트에 대항하기로 한다.

에센 타이시는 정통제를 앞세워 명나라 요새들에 항복을 요구했지만,

나들 황제 그러다 죽는다!!

어째선지 먹히지 않았다!

죽여 그럼

??

바보짓하다가 잡힌 정통제는 그냥 빠르게 손절해 버리고

이제 이분이 우리 황제니까 걘 알아서 갖고 노세요

황제 동생인 경태제를 즉위시켜 버린 것이다.

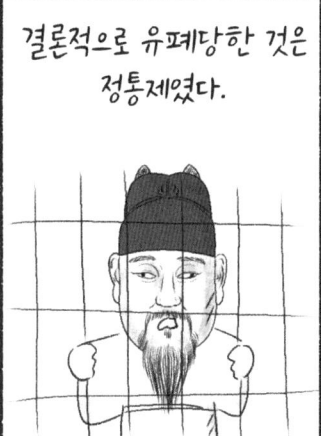

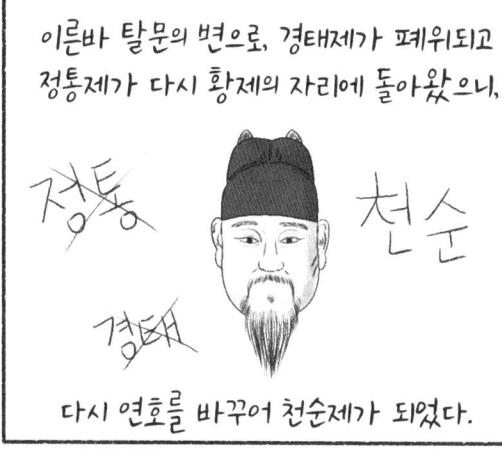

12장
기분 X같은 일이 생겨도 샤워하면서 혼자 나는 누구? "무로마치 막부 쇼군 후계자"

- 오닌의 난 -

1467년

커뮤니티에 달린 댓글들

달력좀***
아무리 X같은 일이 생겨도 내가 누구? '전쟁으로 보는 동양사 독자'

해드셋****
일본 역사 중에 제일 골때리는 파트

저스디스****
어차피 전쟁 할 거면서 핑계는 ㅋㅋㅋㅋㅋ

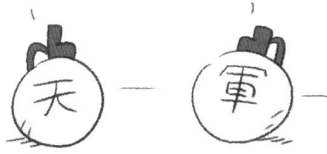

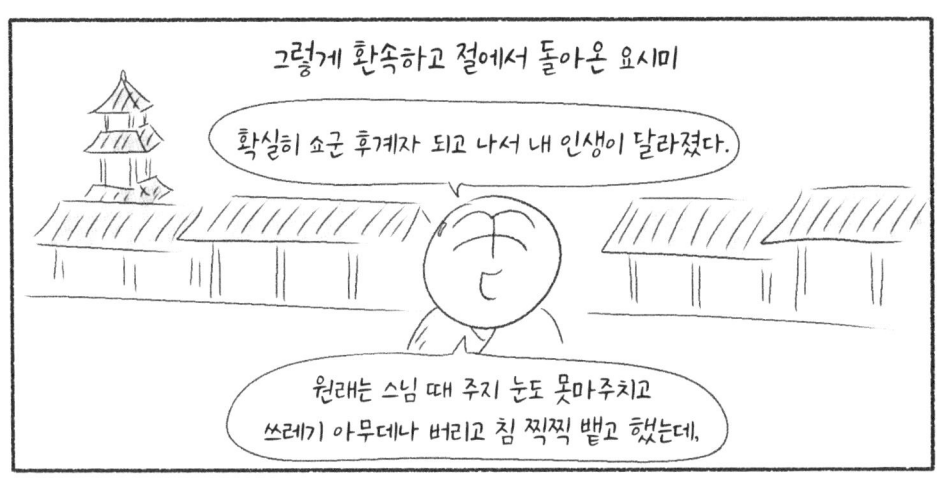

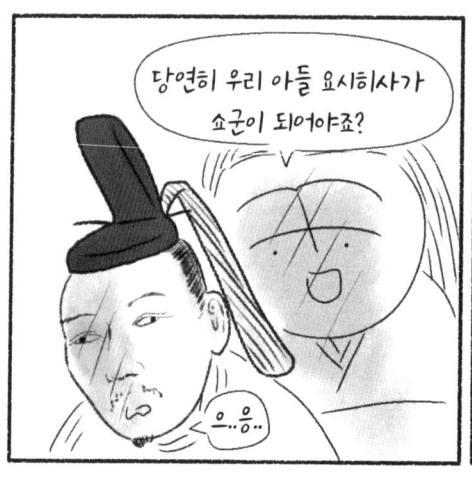

그 결과 40여 개가 넘는 가문들이 교토에 모여 분쟁을 일으키기 시작했다.

같은 편들끼리도 치고박고

배신도 하고, 권모술수가 난무하고

하는 김에 배가 고파 약탈도 하고..

건물도 좀 태우고..
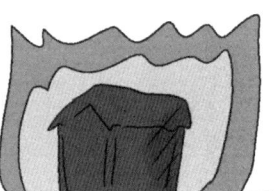

표면적으로는 쇼군의 아들을 지지하는 동군이 더 많았지만,

서군 20개 국
병력 9만 명

VS

동군 24개 국
병력 16만 명

언제 누가 배신할지 아무도 알 수 없었으니..

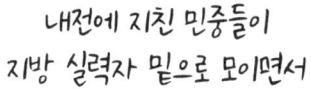

13장

적은 혼노지에 있다!

— 오다 노부나가 —
1534~1582년

커뮤니티에 달린 댓글들

절대배신**
전국시대 3영걸의 앵무새 죽이기

도통한물****
오다만 조총을 쐈다 -> 혁신이 아님. 삼단 철포 작전 -> 그게 뭔지 몰?루

97학**
저때만 해도 승려가 세속적인 면이 강했죠.

오다 노부나가는 한국에서 은근 인지도가 떨어지지만..

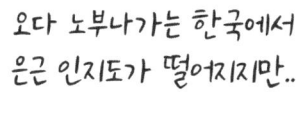
- 그 조총 3열 발사? 한 그 친구?
- 혼노지에서 죽은 애?

그래도 이 정도는 알려진 듯하다.

가장 크게 오해하는 부분이, 마치 오다가 조총을 쓴 것 자체가 혁신인 것처럼 생각하는 것이다

내 총을 봐라!

왜냐하면 사실 그쯤 조총을 다들 썼기 때문이다...

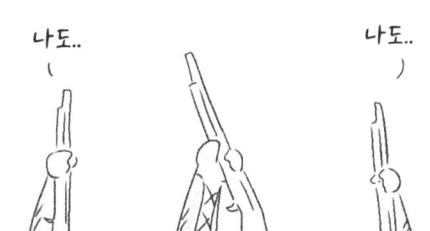
나도.. 나도..

조총병을 대량으로 운용한 것 뿐 그다지 특별한 점은 없었다!

난...두..두 개!

오다 노부나가가 삼단 철포 전술을 썼다는 것 또한 대표적인 왜곡인데

애초에 삼단 철포 작전이라는 전술의 실체도 제대로 존재하지도 않고

쓰였다는 기록도 없고, 유럽 선교사한테 배웠을 순 있겠지만.. 유럽처럼 중기병이 있는 것도 아니고..

쓰였어도 별로 효용도 없었을 것이며

형식에 얽매이지 않고 다양한 방식으로 세수를 확충한 뒤 군대를 징병하고

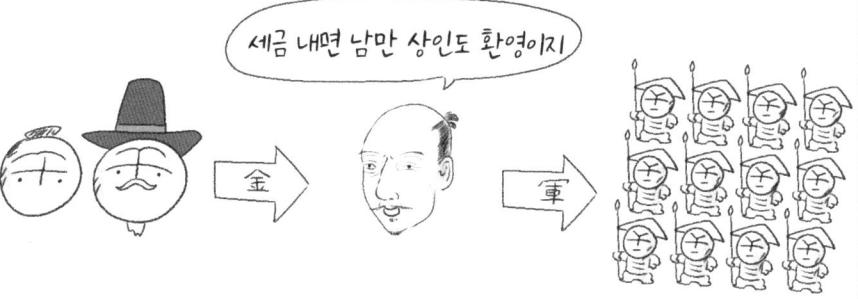

과감하게 외부 정복에 나설 만큼 야망과 실행력 모두 출중했다!

그 외부 정복조차 오다 노부나가의 성격상, 결코 느슨하게 행해지지 않았는데

라는 이야기와는 다르게 급하게만 행동하는 자가 아니었다.

오다는 전투 한 번에 올인하기보다 먼저 이길 수밖에 없는 상황을 만들어 놓고 이기는 것을 좋아했고,

이길 땐 강하게 몰아치더라도 기다려야 할 때에는

기다릴 줄 알았으며,

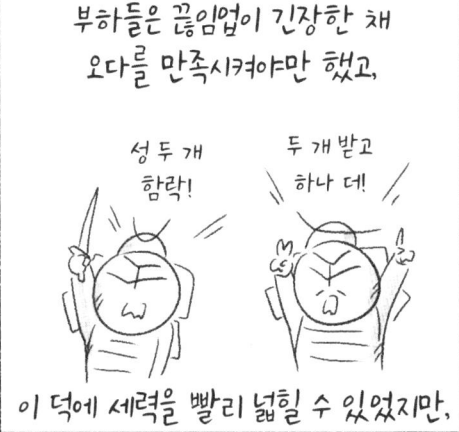

14장
조선이 무너졌다고 해서 구경하러 갔죠. 그런데 보고 오니 우리 일본이 무너진 거예요

— 세키가하라 전투 —

1600년

커뮤니티에 달린 댓글들

월가의마지✱✱✱✱✱✱
어차피 다 권력 때문이면서 핑계는

구십구만✱✱✱✱
결국 최후의 승자는 이에야스

부산싸나✱✱✱✱
아무튼 히데요시가 잘못했네 ㅋㅋㅋ

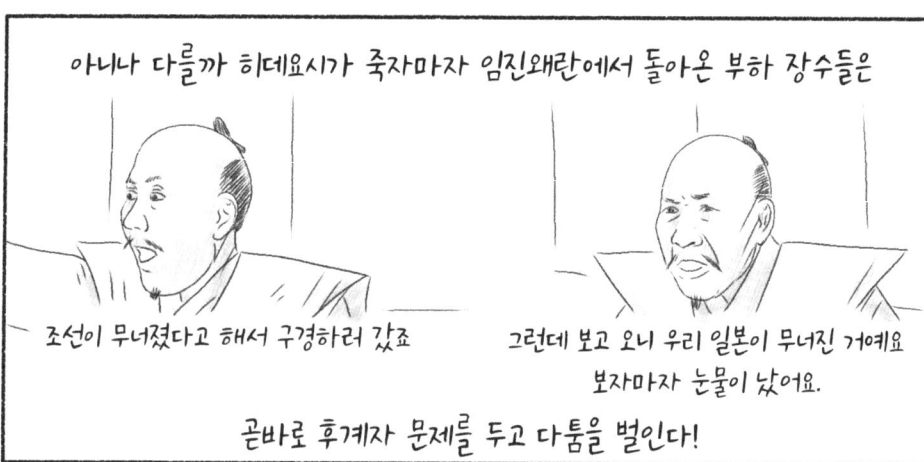

아직 도요토미 가문에 대한 충성심이 남아있던 이들은
이시다 미츠나리를 중심으로 서군 쪽에

처형당한 히데츠구 지지파와 도요토미 가문에 불만 많았던 다이묘들은
지난 수년간 히데요시 밑에서 숨죽이고 있던 숨겨진 그 인자
도쿠가와 이에야스의 동군 밑에 결집하기 시작한다!

이에야스는 표면상으로는 도요토미 가문 수호의 명분을 들긴 했지만

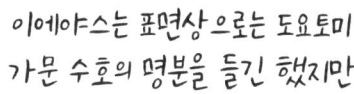
어린 히데요리님을 지키기 위해서일 뿐!

이는 인내심 많은 이에야스의 위장용 명분에 지나지 않았기에

사실 이 내전은 사실상 히데요시가 죽은 뒤, 누가 일본의 패권을 쥘지에 대한 싸움이나 다름없었다

다음 실권자는 나야!

저 놈이 도요토미 가문의 보호자가 되게 둘 리가!

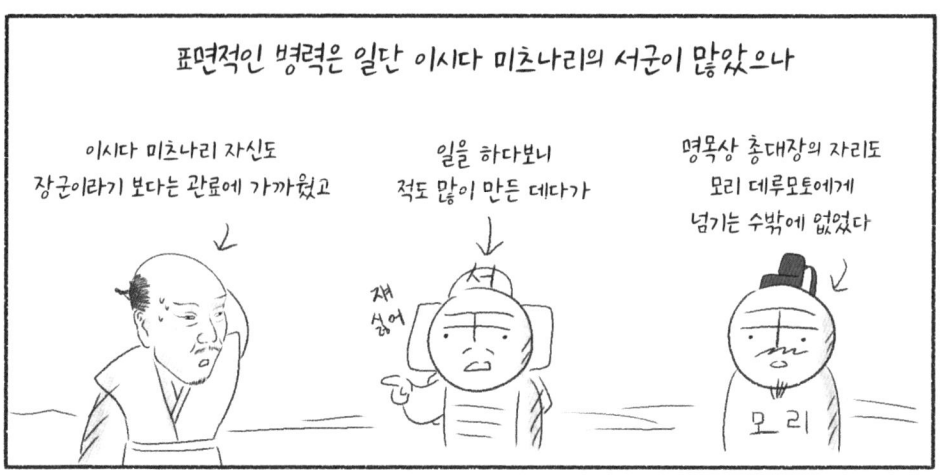

각 군의 처음 포진은 서군에게 월등하게 우월하였다.

먼저 군을 일으켜 유리한 장소를
선점한 서군은 언덕 위에 자리를 잡았고

군대 수도 많을뿐더러 완전히
동군을 포위하고 있었기에

총대장 모리 데루모토가
성 안에서 안 나오고 있다는 것과

측면을 맡은 킷카와 히로이에가
동군과 내통하고 있다는 것 외에는

모리

킷카와

15장
동인도 주식 말X양봉호로섹X출발

- 1차 아편전쟁 -
1840~1842년

커뮤니티에 달린 댓글들

52번✱✱✱
어찌보면 청나라 강희제가 '한족 반란 우려& 더이상 대청제국을 능가할 강국이 없단 이유'로 화포 개선을 거부하고 현 상태에만 만족한 게 여까지 굴러온 셈이네... 무기는 설사 백 년 동안 쓸 일이 없다 해도, 단 하루도 갖추지 않을 수 없는 법...이건만(兵可百年不用,不可一日無備)

캐✱✱
결국 동인도주식 떡상함?

└ **살라흐앗딘**
아편 덕에 떡상하긴 했는데 10년쯤 후에 일어난 세포이 항쟁 때 대응 개같이 했다는 이유로 영국 정부한테 흡수되는 걸로 마무리

당연히 영국인들은 마약상을 단속할 생각이 없었고

마약상을 단속하는 중대한 임무는 청나라의 희망, 임칙서에게 주어졌다.

어찌되었든 광저우에 도착한 임칙서는 빅토리아 여왕에게 편지를 썼지만,

여왕의 답신은 없었으며, 임칙서는 다시 이를 런던 타임즈에 실어 영국 대중에 호소하기도 했다.

결국 청나라는 영국에게 배상금을 지불하고 홍콩을 할양한다는 내용이 담긴 '난징 조약'을 맺는다

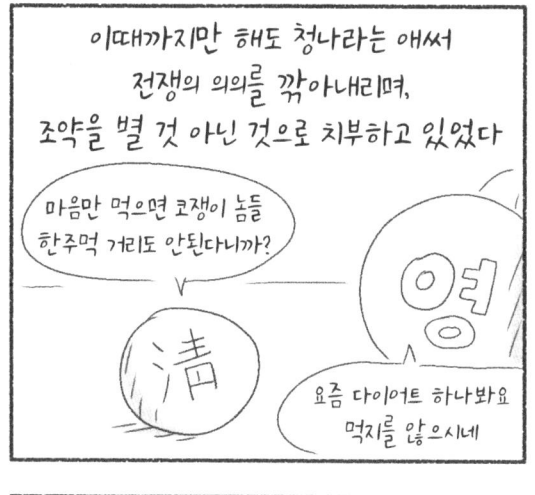

이때까지만 해도 청나라는 애써 전쟁의 의의를 깎아내리며, 조약을 별 것 아닌 것으로 치부하고 있었다

마음만 먹으면 코쟁이 놈들 한주먹 거리도 안된다니까?

요즘 다이어트 하나봐요 먹지를 않으시네

허나 유럽인들은 이로써 청 제국이 사실은 종이호랑이임을 깨달았고,

허접www
개약해www

이 난징 조약이, 외세의 침탈과 청나라 몰락의 신호탄이 되고야 만다.

16장

사실 나는 예수의 동생이었던 거임

— 태평천국 —
1851~1864년

커뮤니티에 달린 댓글들

아쎄***
사실 서방 열강이 태평천국 편 안 든 이유가 또 하나 있었는데
바로 같은 크리스천인가 해서 들여다봤더니 예수의 동생을 자처하는 사이비라서....
물론 설령 사이비가 아니라 ㄹㅇ 진짜 기독교라고 해도 바뀌는 건 없었을 겁니다. 그저 서구 열강이 청나라 편들기 좋은 명분이었을 뿐.

예알***
태평천국으로 죽은 사람수는 나폴레옹 전쟁에서 죽은 사람보다 열 배나 많다

우투**
석달개나 이수성같은 애들보면 명장이 아예 없던 것도 아니라 홍수전이 조금만 정신차리고 청나라 몰아붙였음 몰랐는데ㅋㅋㅋ

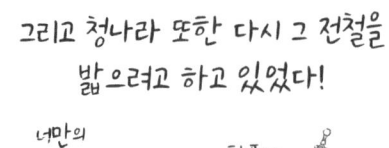

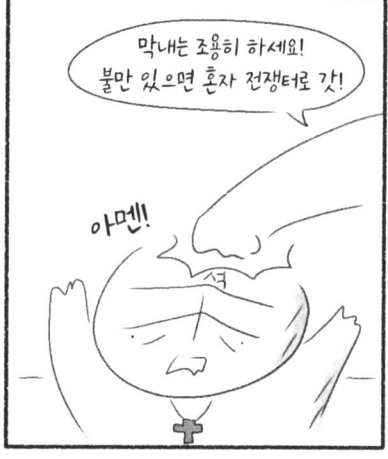

2, 3인자들은 자기 세력을 늘리기와 권력 다툼에 몰두하기 시작했다

*상제: 태평천국에서 여호와를 부르던 말

윗물이 썩어버리니 고생하는 것은 아랫물이요

결국 베이징으로 가던 태평천국군은 보급이 끊겨 전멸해 버리고..

그나마 명장이던 부하 석달개가 청나라 증국번의 군대를 격파하며 체면치레를 하지만

이렇게 열심히 싸웠으니 태평천국에는 정말 천국이 도래..

도래는 모르겠고 도라이들로 가득한 태평천국 지도부는 내분을 거듭했고

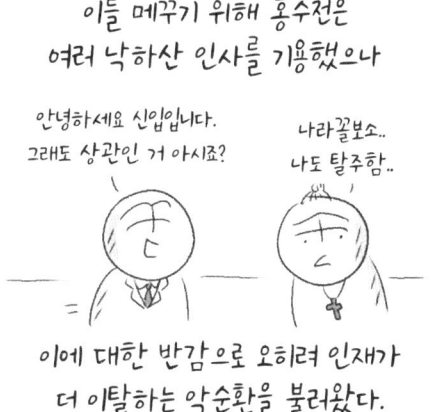

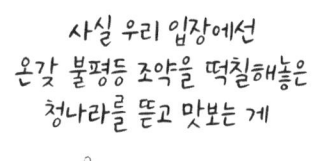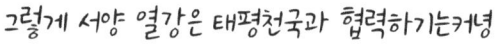

17장

솔직히 영국 고까우면 개추. 일단 나부터 ㅋㅋㅋ

— 세포이 항쟁 —

1857~1859년

커뮤니티에 달린 댓글들

우리불독**
세계사의 비극을 펼쳐보면 그 중심에는 항상 영국이 있다

왜12월에***
나만 장고 분노의 추적자 생각남?

높은파티****
세포이 항쟁은 애초에 성공할 수 없었죠... 한계가 너무 명확해서

드넓은 중원에 청나라가 있었다면,

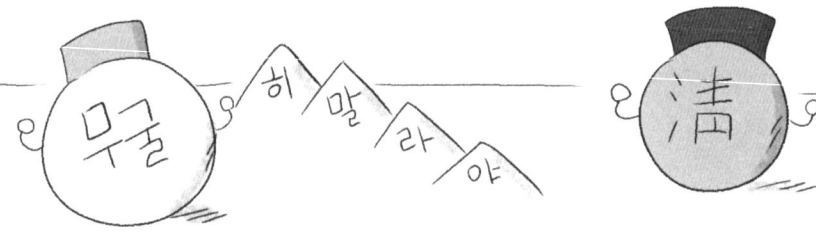

넓은 인도 아대륙에는 무굴제국이 땡땡거리고 있었..

..는데 이제 무굴제국에 맞서서 일어난 마라타 연합에게 얻어터져서 본토를 거의 다 빼앗겨, 실질적인 통치 영역은 델리 근처에 불과했고

남부는 마이소르 왕국, 북서부는 시크 왕국 같은 다른 왕국들에게 넘어간 상태..

유학과 군현제의 힘으로 강력한 중앙집권체제를 유지한 동북아와 다르게

압도적 황권!

한국도 이미 조선시대 때 전국에 지방관을 파견했는데 현대에도 국토 전체를 제대로 통치 못하는 나라들이 있지요.

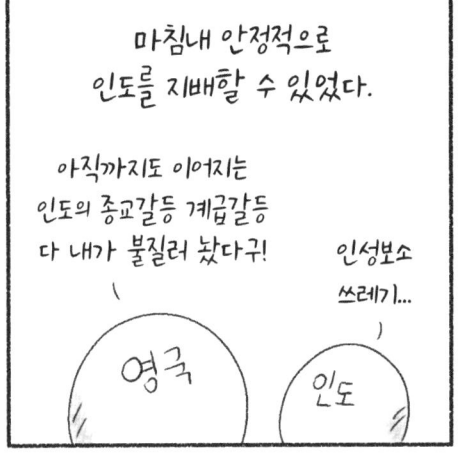

거기다 영국은 인도의 종교와 문화를 갈등 유발에만 이용할 뿐
이를 이해하거나 받아들이려는 모습 또한 거의 보이지 않았기 때문에

인도인들 사이에서도 불만이 점점 퍼져나갔고, 세포이들도 당연히 마찬가지였다.

그렇게 한창 시끌시끌하던 와중에
세포이들에게 기름을 부은 사건이 바로

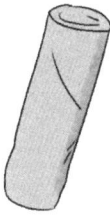

그 유명한 '페이퍼 카트리지 기름 문제'였다

이 시기의 소총은 일일히 화약을 넣고
꼬질대로 장전을 해주어야 했던

수동식 머스킷 소총이었고,

급박한 전장에서 정확히
화약을 계량하여 총에 넣는
일은 쉽지 않았는데,

그냥 왕창 때려넣으면?

그럼 총 자체가 펑 터져버려..

미리 계량된 화약과 총알이 함께 포장된
페이퍼 카트리지가 발명된 것이다!

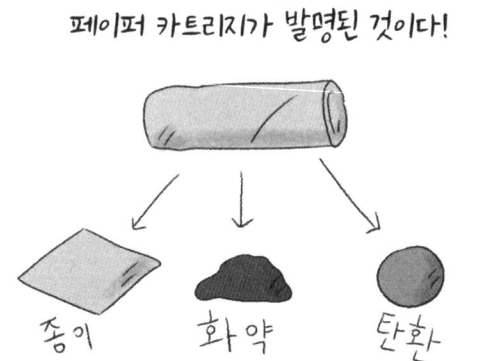

갑자기 무슬림들은 돼지기름 핥아먹고, 힌두교는 소기름 핥아먹게 생겼다는 소문이 돌기 시작한 것이다.

세포이들의 불만이 들끓기 시작했지만 영국 장교단은 이를 대수롭지 않게 여기고

같은 반응을 해버렸으니..소문이 더 커져나갔고

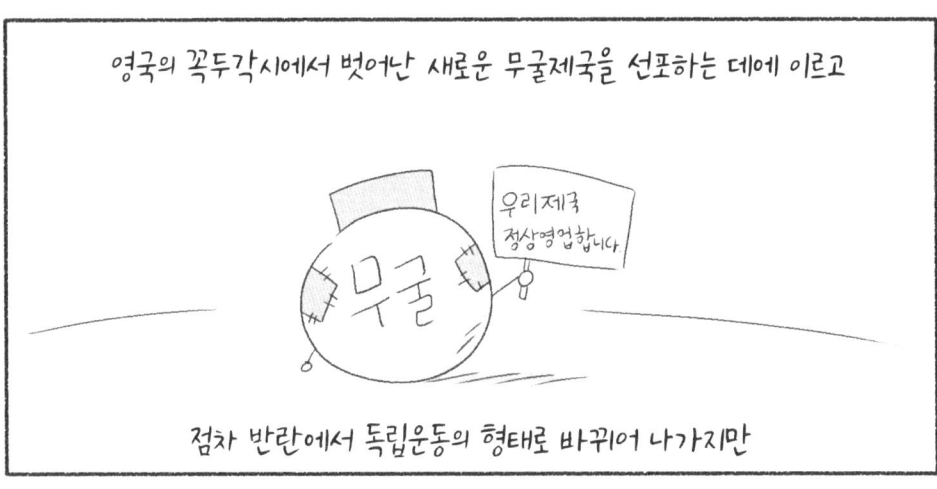

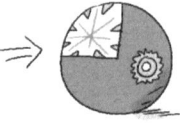

18장

사고방식 자체가 우리와는 다릅니다

— 청일전쟁 —
1894~1895년

커뮤니티에 달린 댓글들

박**
조선군만으로 협상하고 끝낼수 있었던거임?

> **살라흐앗딘**
> 현대에는 그렇게 봅니다만 (당시 관군은 기관총 등 신식무기로 무장하고 있었기에) 당시에는 아무도 몰랐겠죠. 그리고 반란이 오래 끌릴수록 더 많은 농민들이 일어날 것이기에 겁먹은 고종이 급히 청나라를 끌어들인 것일 수도 있고요.

제**
요새 중3 역사2, 고1 한국사 배우는 친구들 1학기 기말고사 시험범위인데 이걸 딱 올려주시네 ㅋㅋ 과외순이 과외돌이들 다 뒤졋다 ㅎㅎ 공부는 살라흐앗딘으로 해라 ㅎㅎ

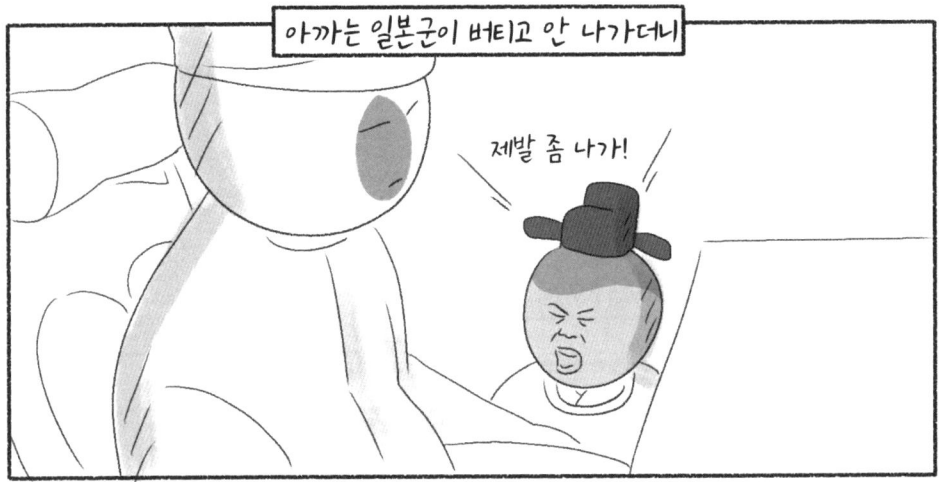

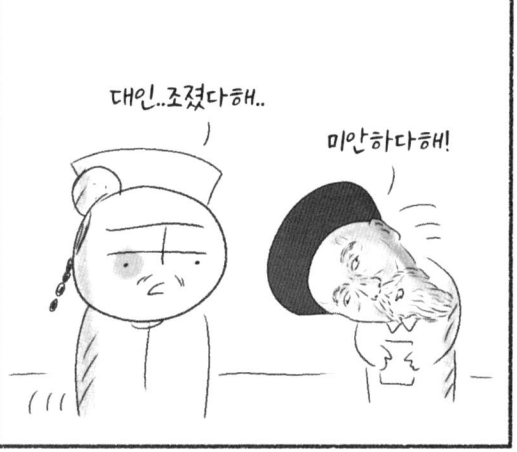

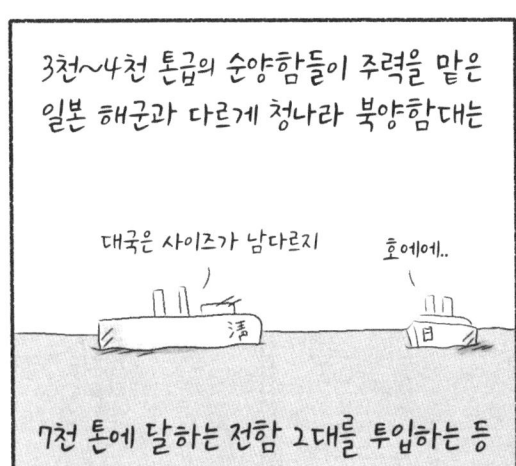

19장
지구는 둥그니까~ 자꾸 항해하다 보면~
온 세상 일본군을 다 만나고 오겠네~ ♪

- 러일전쟁 -
1904~1905년

커뮤니티에 달린 댓글들

we*
난 진짜 근현대사 보기가 너무 힘듦...보다가 열불나서 원...

다함께QW****
이 전쟁으로 우리나라의 주권은 완전히 넘어갔다고 해도 무방하죠.

롤판의영****
응~ 이거 본함대 아니야~ 어차피 수도는 멀쩡해~

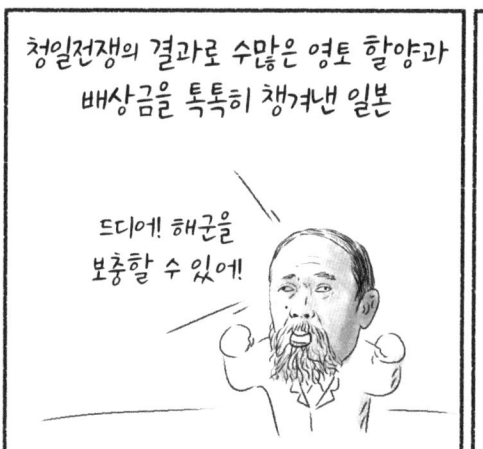

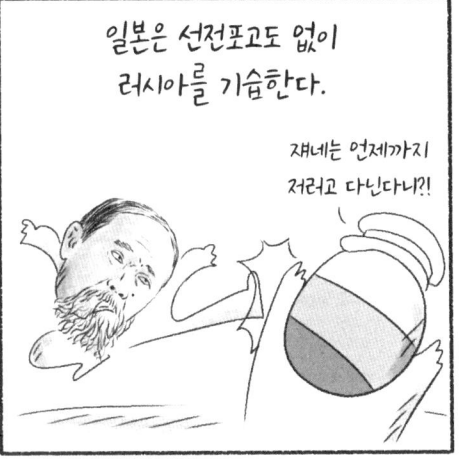

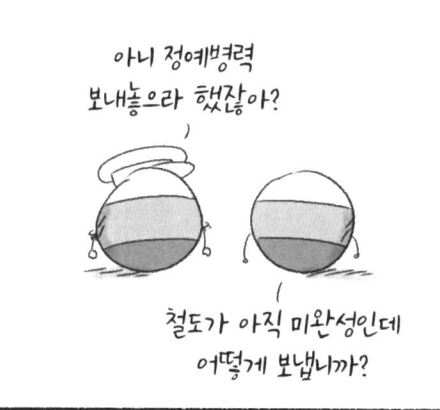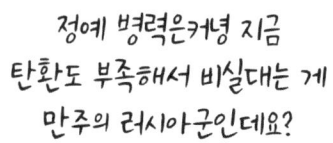

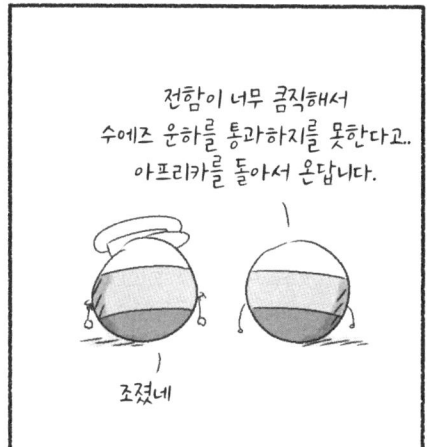

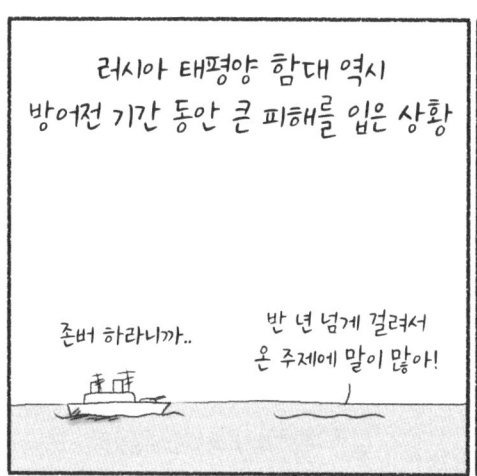

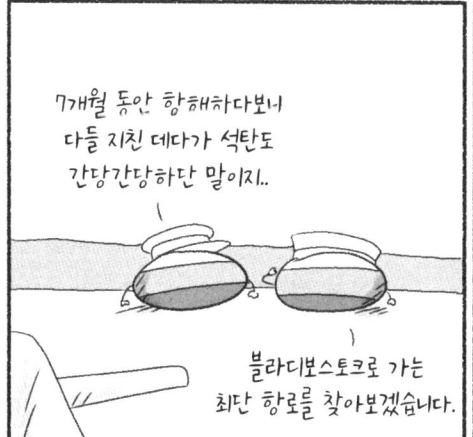
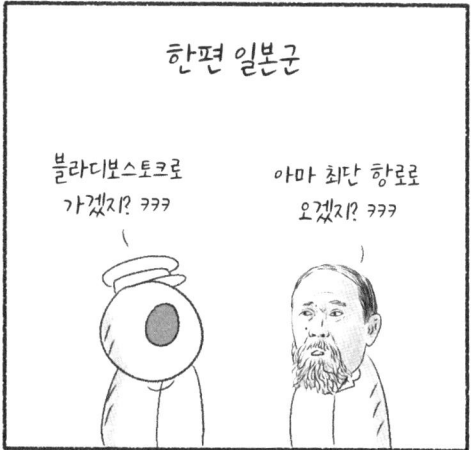

전쟁 예산으로 나라가 파산나게 생긴 일본군은

결국 협상 테이블에 앉게 되었다.

배상금 줘.

하지만 러시아는 이를 거부했고

조까

일본군은 압승에도 불구하고 소소한 이득만 겨우 챙길 수 있었다.

함대가 터진 거지 수도가 터진 건 아니걸랑? 꼬우면 모스크바까지 오든가!

끄으응..

그럼에도 청나라에 이어 전통적인 강대국 러시아까지 이긴 일본의 주가는 크게 치솟았고

한반도와 만주에 대한 영향력을 확고히 다지게 되었으며

조땠다..

이 전투의 승리로 일본 군부의 권위 또한 크게 치솟아

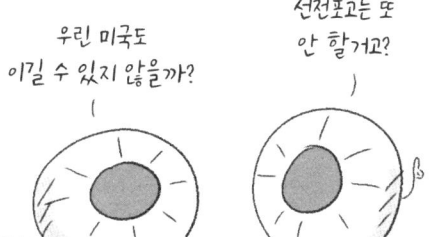

2차대전 때까지 이어지는 '정신론'과 '한탕주의'가 깊게 자리잡게 되었는데..

우린 미국도 이길 수 있지 않을까?

선전포고는 또 안 할거고?

20장
하, X발, 아… 개석이 형!
형 국민당이 왜 그 꼴인지 알아?

― 만주사변 ―
1931~1932년

커뮤니티에 달린 댓글들

새**
역사 좀 배우거나 하면서 가장 많이 드는 생각이 '아니 이걸 왜 한거지?', '? 어떻게 이김?' 이 2가지가 가장 많은 거 같아요

이상****
꼬라지가 저런데 부정부패는 어떻게 잡겠어요 못잡죠 ㅋㅋㅋㅋㅋ

마**
장제스는 항일전선에서 공산당군을 이용하려 했지만 역으로 마오의 공산당은 항일은 뒷전이고 힘을 길러 국민당 쓰러트릴 준비에 몰두했다는…

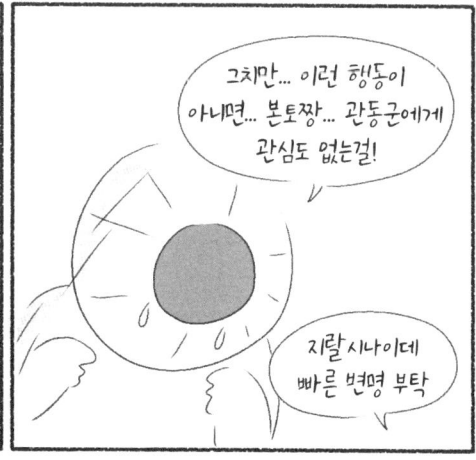

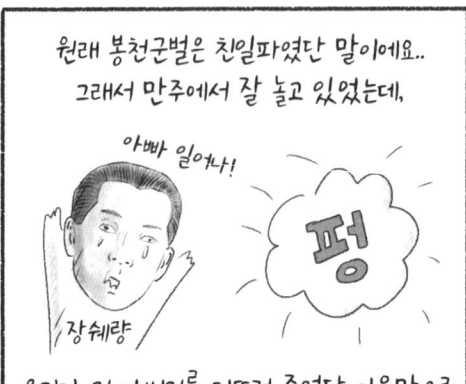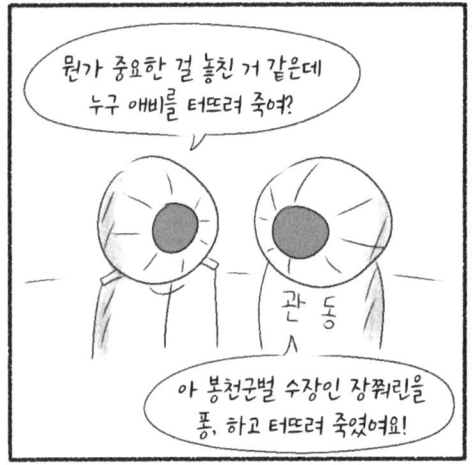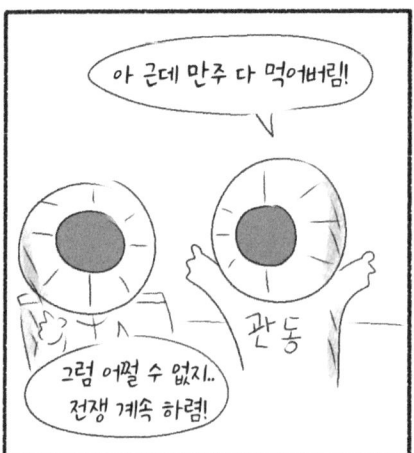

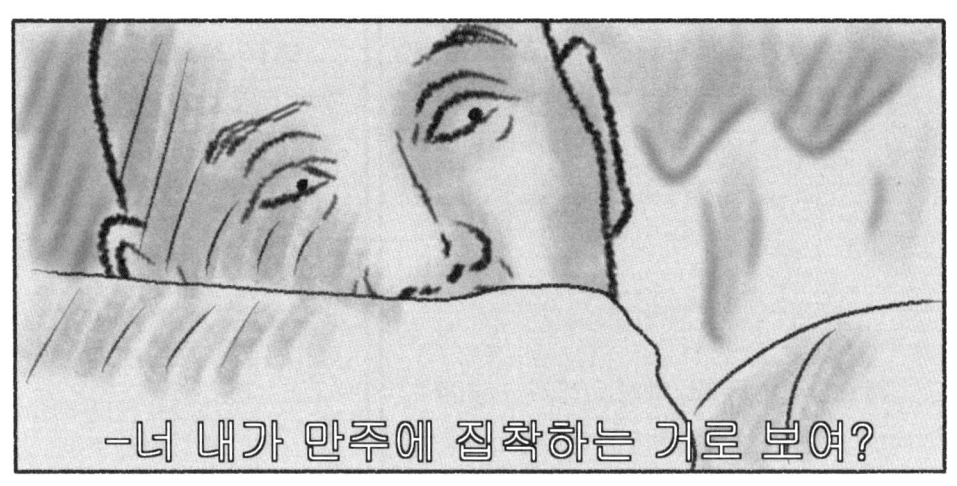
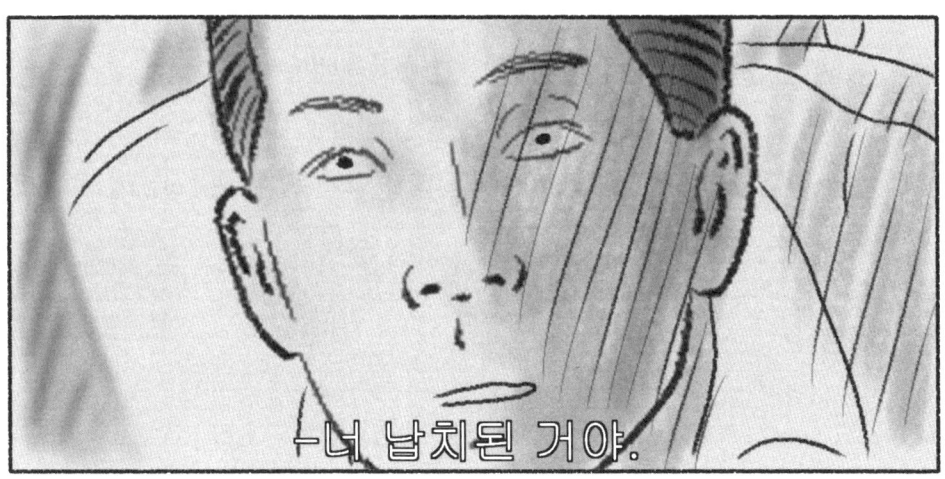

장쉐량은 기껏해야 장제스가 하루 이틀 버티고 못 이기는 척 도장을 찍을 것이라 생각했지만

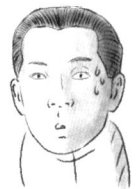

장제스는 장쉐량의 반역 행위에 격분해 아예 대꾸조차 안 한 채 모든 대화를 거부했다.

심지어 장제스의 아내 쑹메이링을 데려와도 요지부동

이러면 우린 X된 거 아님?

국민당군이 우리 잡으려고 슬슬 올라올 텐데..

한편, 중국의 최고지도자가 납치된 희대의 사태인

어쩌지? / 무슨일이야? / 소련의 음모다! / 일본의 음모가 분명해 / 둘이 짜고 치는 거 아냐?

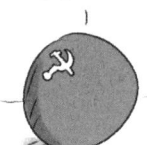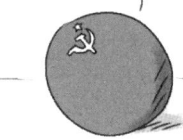

시안 사건으로 세상은 난리가 났고

이를 해결하기 위해 나선 것은 중국 공산당의 브레인 저우언라이였다.

대화를 나누러 왔습니다.

니가 불렀냐? / 아뇨?

공산당 입장에서도 국민당과의 협력은 나쁘지 않은 선택지였고,

수명연장의 기회야.. / 소련이 일본과 나치를 둘 다 상대하긴 버겁지..

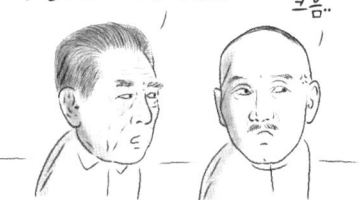

장제스와 한때 동료였던 저우언라이의 설득에

우리 같은 중국인 아닙니까. 선생님의 지도 하에 공산당은 항일전선에 가담하겠습니다

크흠..

장제스도 구두로 국공합작에 동의했다.

자네의 뜻이 그렇다면야..다만 내가 각서를 쓰거나 확실한 약속을 하는 건 아니네! 어디까지나 가능성만 열어둘 뿐이야!

저흰 그것만으로도 만족합니다

츤데레구만..

비록 장쉐량은 이 사건 이후 재판을 받고 가택연금 상태에 처해지지만

대만까지 끌려가서 1993년에야 풀려나죠..

너가 모든 계획을 조져놨는데도 징역형 10년은 사면해준 걸로 만족하렴.

이 사건으로 국민당과 공산당 사이 느슨한 동맹 관계가 구축되었고

장쉐량 없었으면 멸망할 뻔..

장제스도 공산당을 이용해 일본을 막고 그 사이 군 현대화를 시도할 생각이었으나..

몇 년 뒤에 일본이 침공하기 전에 군대를 증강시켜야 한다..

아무도 예상하지 못한 것은..

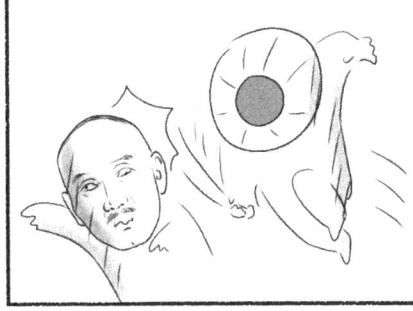

일본이 1년도 안 된 1937년에 곧바로 중국 침공을 감행한 것이다!

21장
이 정도면 공교육이 잘못되었데스

— 난징함락 —
1937~1938년

커뮤니티에 달린 댓글들

이탈리**
중일전쟁을 보다못한 미국의 석유 제한
-> 일본의 진주만 공습

무다구치 렌야가 쏘아올린 작은 공...

Ve*
렌야선생 또 여기서 뵙는군요

멍청이보**
어? 저 분은 어둠의 독립군 아니신가요?

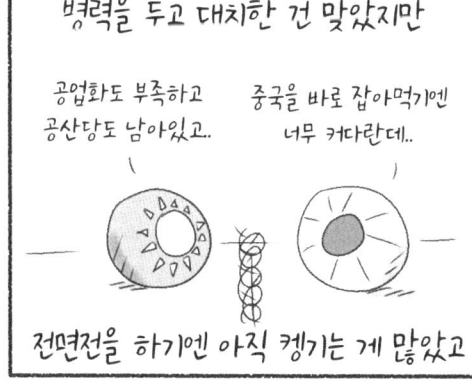

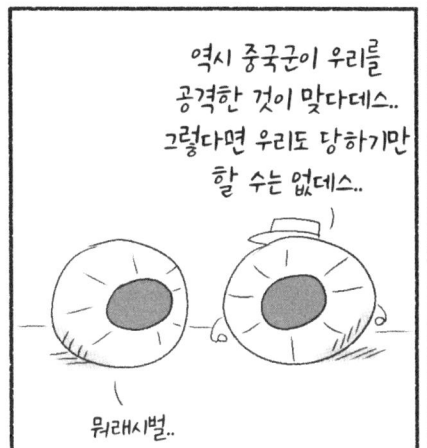

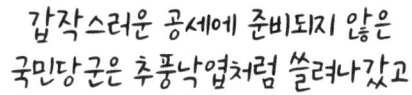

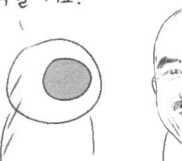

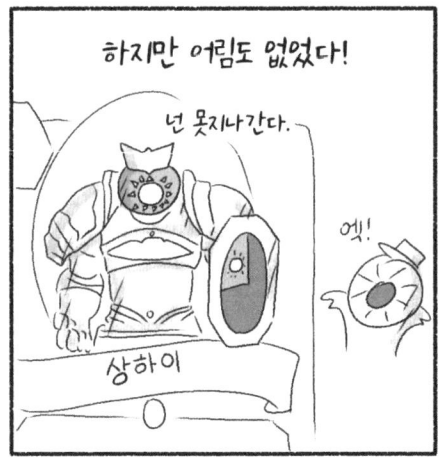

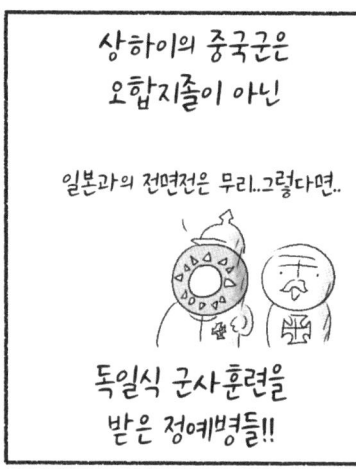

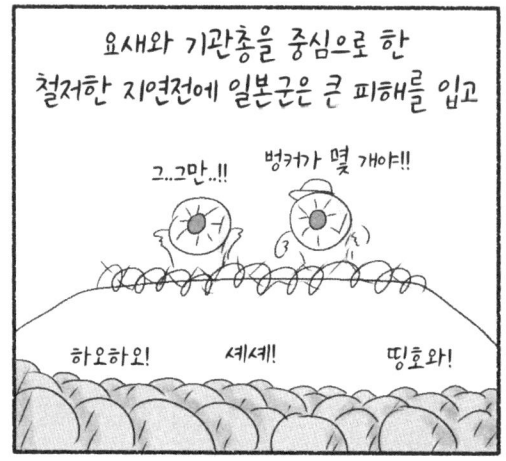

아무것도 없었다.

장제스와 국민당 내각은 진작에 임시 수도인 충칭으로 날아간 상태였고

난징에 남은 중국군은 시민들과 협력해 일본군의 보급망을 괴롭히는 중이었다.

어..어떡하죠..
전부 죽인다..모든 것은 중국인이 대일본제국에 대항했기 때문이다

여기서 일본군의 극단주의는 극에 달했고..

난징 시내에 있는 모든 젊은 장정들을 죽인다. 민간인 속에 숨은 게릴라일지도 모르니까.

노인들, 어린아이, 여자들도 모두 죽인다. 노인들은 게릴라들을 숨겨줄 것이고 아이들은 커서 게릴라가 될 것이다.

함락된 난징에선 지옥도가 펼쳐졌다.

민간인과 군인, 항복한 포로 가리지 않고 수십만 명이 온갖 방법으로 살해되었으며

결코 입에 담을 수 없는 범죄들이 일본군 수뇌부의 묵인 하에 자행되었다

그러나 결과적으로 이는 중국 전역에 반일 감정만 더 크게 만들어주는 결과만 나왔으며

목표를 잃은 일본군에겐, 이제 드넓은 중국 전역이 눈앞에 펼쳐져 있었다

22장

미… 미… 미X놈아 니가 먼저 잘못했잖아!

— 진주만 —
1941년

커뮤니티에 달린 댓글들

난**
저때 당시 정어리가 어느정도로 잡혔냐면 비행기 타고가다 지도에 없는 작은섬이 보인다고 보고해서 찾아보니 정어리떼들이 하도 뭉쳐서 섬으로 보일 지경 이었다고함

마**
미국과 전쟁하는게 미친짓처럼 보였지만...무주공산에 가까운 동남아지역을 보고 욕심이 안날수가 없었긴 하네요..한큐에 대동아공영을 실현할수도 있다는 망상에 빠지기 딱 좋은 조건이라...ㅎㅎ

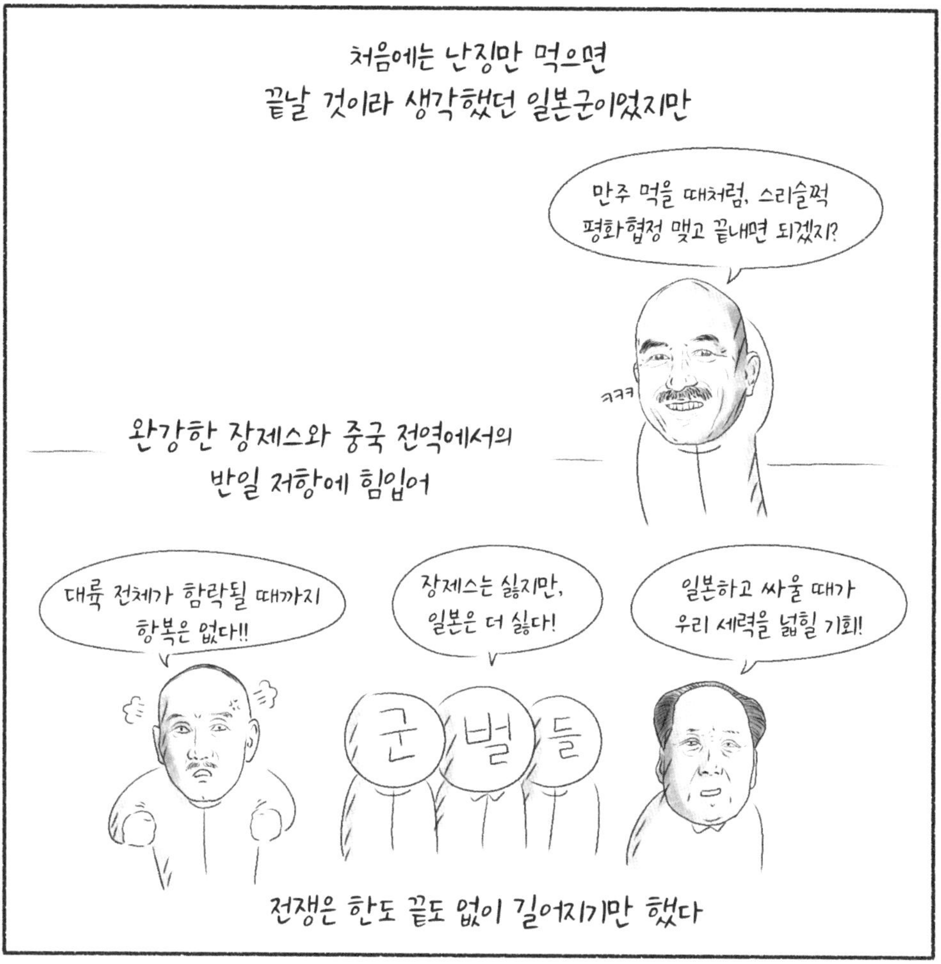

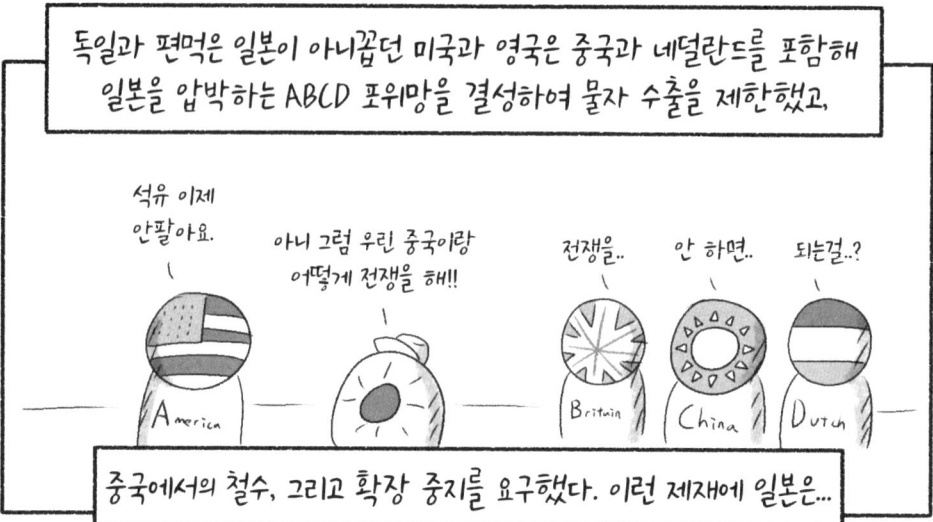

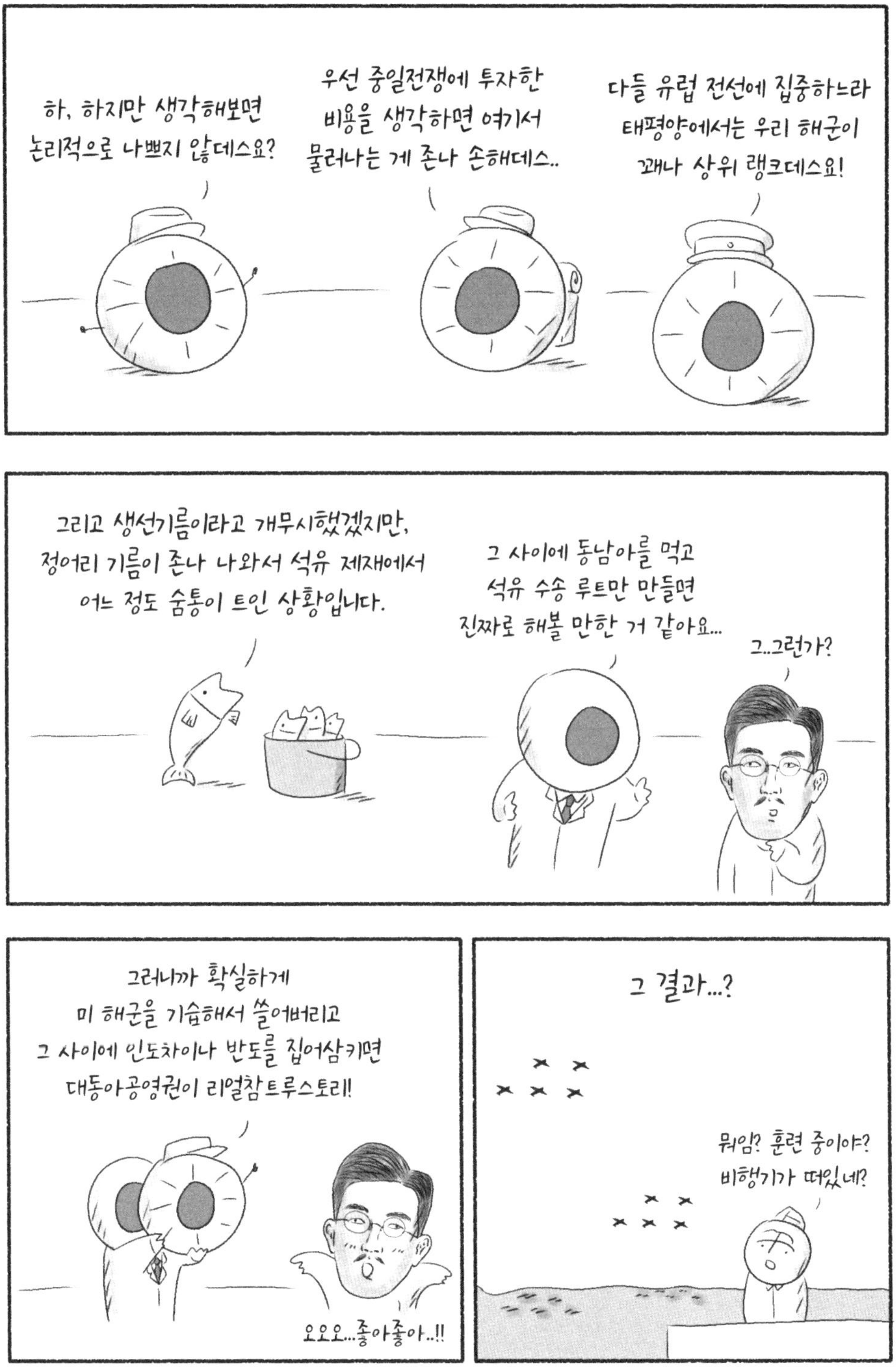

23장
너에게 '캐삭빵'을 신청한다

— 미드웨이 해전 —
1942년

커뮤니티에 달린 댓글들

4**
…다시 봐도 저 지경으로 말아먹기 참 힘든데, 그걸 해내는 일본군 퀄리티.

LVCIVS******
불침함 요크타운 폼 미쳤다

닭새우****
패배플래그란 말은 주제파악을 해가면서 하자!

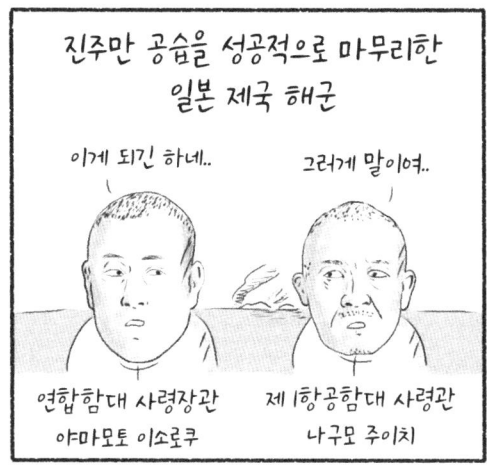

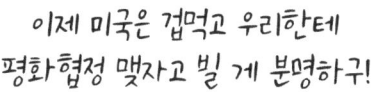

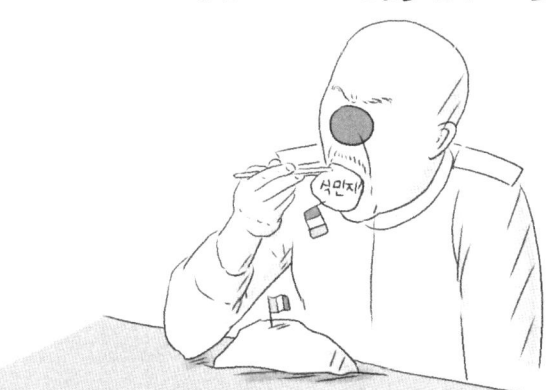

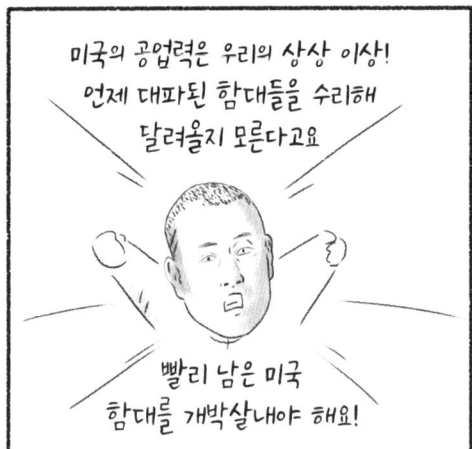

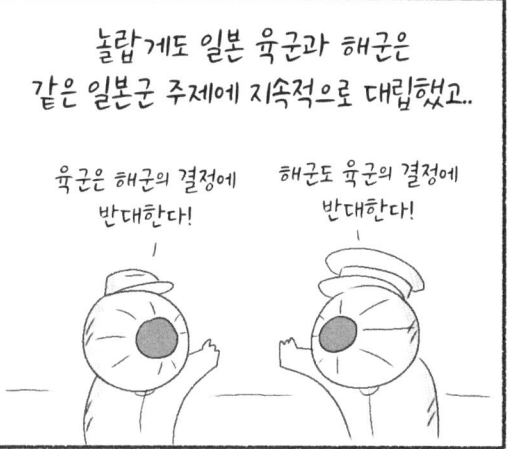

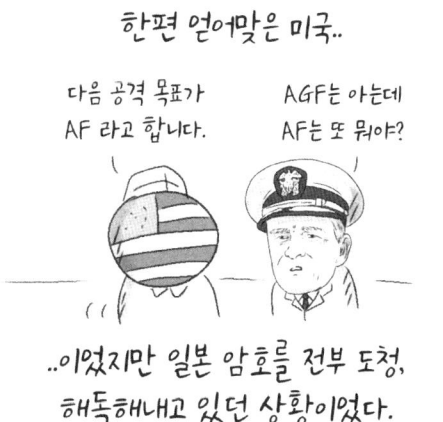

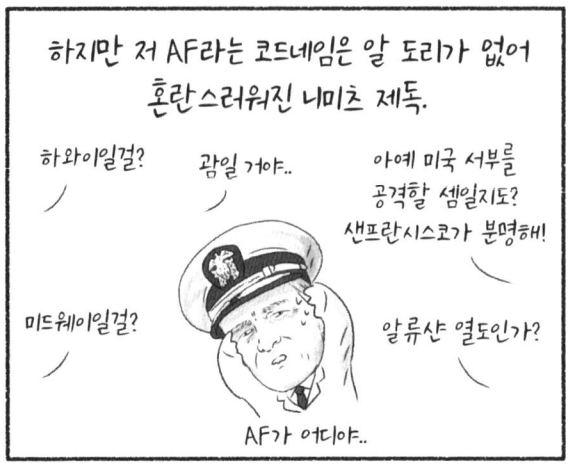

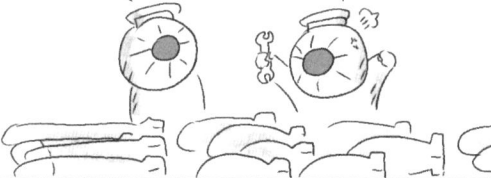

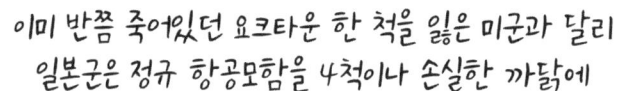

일본이 남방작전과 중일전쟁을 진행하는 데 부담을 느끼는 계기가 되었다.

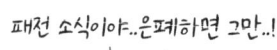

물론 일본 육군은 왜 해군의 지원이 줄어드는 지 알 수 없었다.

24장

무승부로 하지 않을래…?

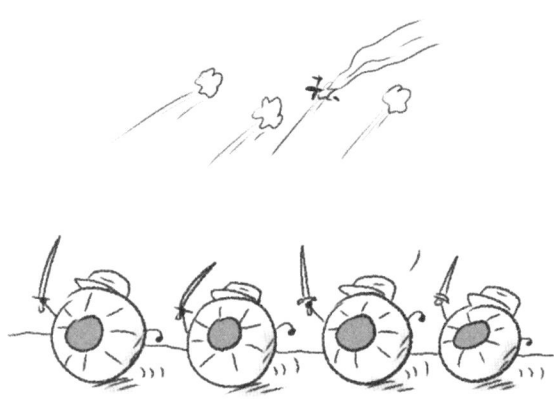

— 과달카날 전역 —
1942~1943년

커뮤니티에 달린 댓글들

알펜∗∗
전쟁 말기가 되면 일본이 구축함 뽑는 속도로 미국은 항공모함을 뽑아내고 있었다 하죠…

와이라노∗∗∗∗
총도 있고 포도 있는 시대에 검만 들고 돌격했다는 게 믿기지가 않아요

누가자꾸∗∗∗∗∗
서양사 편에도 비슷하게 꼬라박은 애들 있지 않았나?

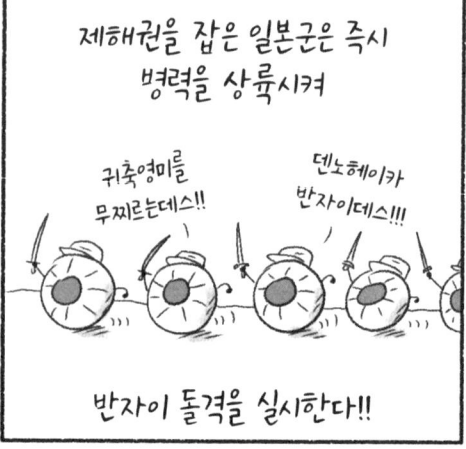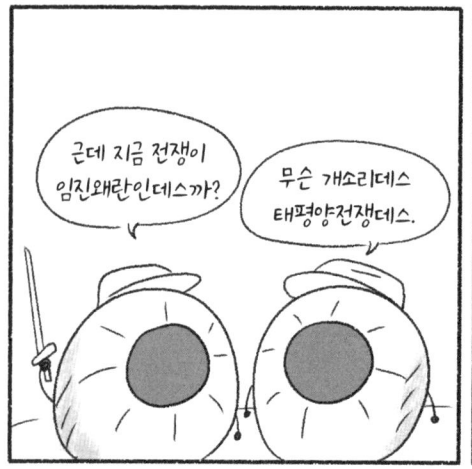

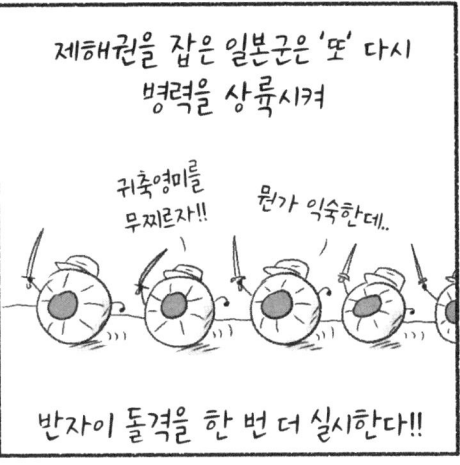

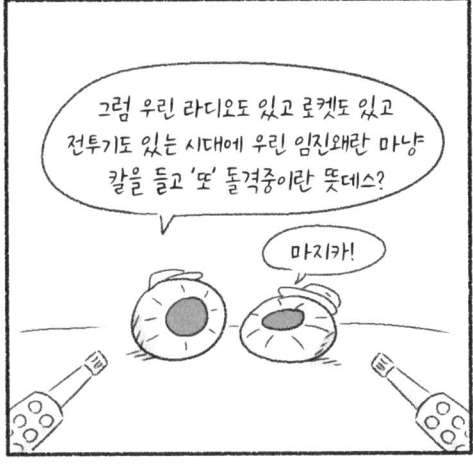

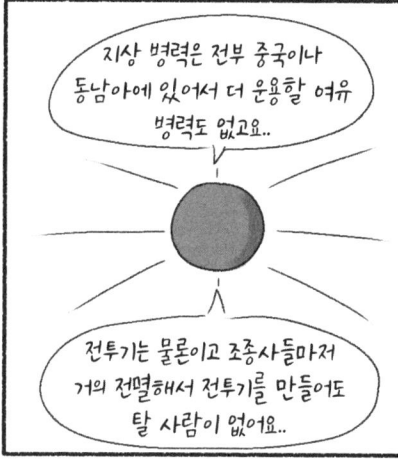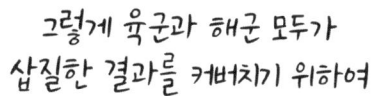

25장

"I will be back"

— 필리핀 탈환 —
1944~1945년

커뮤니티에 달린 댓글들

루리웹-270****
더이상 목표 달성이 불가능한 지경인데도 지도자의 아집으로 전쟁을 질질 끌어서 자국민 희생시키는 경우가 낯설지 않습니다...

화생방보**
저때의 일본은 상식선의 국가가 아녔음

슬로*
스틸웰은 역대급 멍청한 장군으로 유명하죠. 렌야와 버금가는 도라이랄까

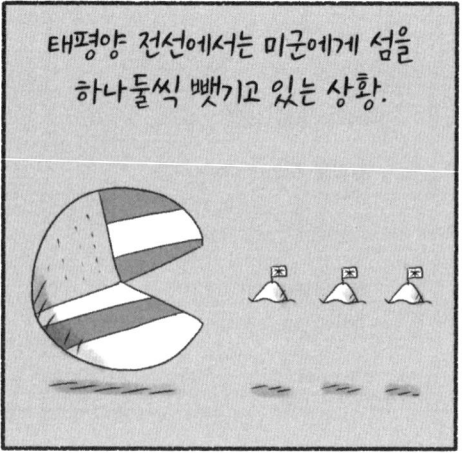

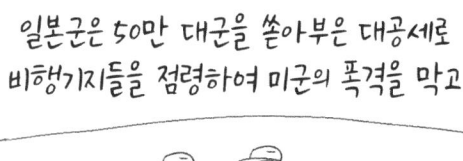

중국 전선이 확실히 마무리가 지어진 것도 아니고..

국민당을 공격하는 데 집중하는 사이 아무런 피해도 입지 않은 공산당이 크게 세력을 넓힌 데다가

항복은 없에!!
어억..?
개이득 ㅋㅋㅋ

동남아까지 철도 수송로를 만든다는 계획은 헛소리에 가까웠으며.

중국 내 미군 비행장을 점령하긴 했지만, 미군은 사이판에 새로 비행장을 건설해서

애초에 중국 철도도 다 점령을 못했는데..
폭격이 또 오네?

누가 사이판 섬에서 지라고 했나?
미얀마 루트보다 훨씬 쉽네!

더 효과적으로 일본군을 폭격하기 시작했다.

자 그럼 이제 미군이 공격할 차례지?
아아 잠만요..

일본은 '절대 방어선'이란 영역을 설정하며 항전 의지를 불태웠지만..

←절대 방어선

하지만 레이테 만 해전에서 항공모함만 34척이나 끌고와버린 미 해군에게

일본 해군은 쪽도 못 쓰고 괴멸해버렸고

그럼 병사들이 죽을 각오로 전원옥쇄해서 필리핀을 지키면 되겠네.
가미카제 전법을 써보도록 하죠!

맥아더의 상륙과 함께 필리핀과 마닐라 항구가 미국의 손에 넘어온다.

그렇게 형체만 겨우 남은 해군과 동남아에 갇힌 육군

일반적인 국가라면 이 즈음에서 항복했겠지만..

일본이 그럴 일은 없었다!

26장

무고한 민간인은 없다!

— 일본 본토 공습 —
1945년

커뮤니티에 달린 댓글들

깡촌과그**
유능=반자이 돌격 금지, 땅굴에 숨기 ㅋㅋㅋㅋㅋ대체 일본 장교들의 수준이 어느 정도였던 거임?

chim**
커티스 르메이가 6.25때도 저랬다며

ne**
나오는구나 어린소년과 뚱땡이가

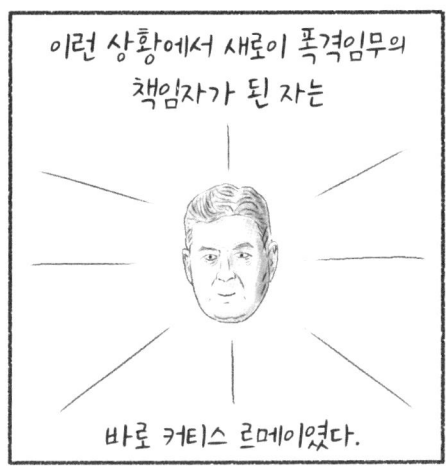

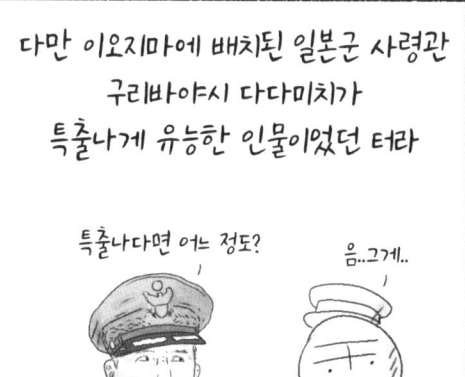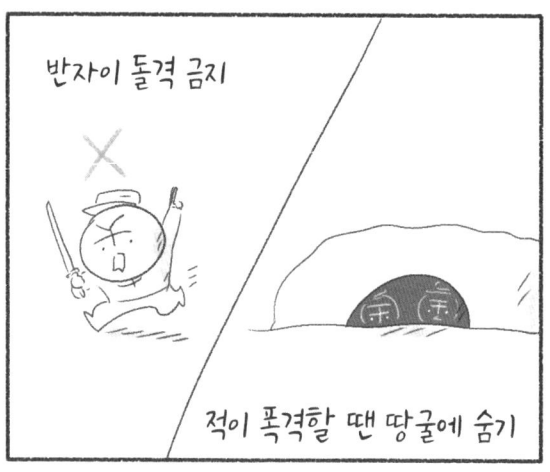

아무튼 평범하게 싸운 일본군은 이전과 달리
제대로 된 저항을 할 수 있게 되었고,
거의 한 달 가까이

이게 되네..

이오지마에서 버티는 데에 성공한다.

비록 이오지마 섬을 점령하긴 했지만..

대 일본군에게 항복이란 건 없습니다!
전쟁은 정신력이고, 일본군의 정신력은
최강이란 말입니다!!

일본군은 1억 총옥쇄를 주장하며
조금의 항복 의지도 보이지 않았고,

국토가 불타는 한이 있더라도
항복을 하지 않으면 일본의 승리!
모두 죽음으로 충성하자!!

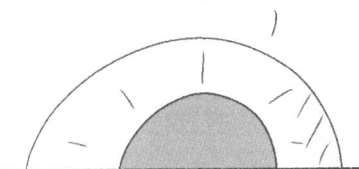

미국 역시 지속적인 상륙전이 부담될 뿐더러,

일본 본토에 상륙하는 것은 피하고 싶었기에,

일본군의 전투의지를 꺾을

색다르고 과학적인 방법을
찾기 시작했다.

27장

나는 이제 죽음이요, 세상의 파괴자가 되었다

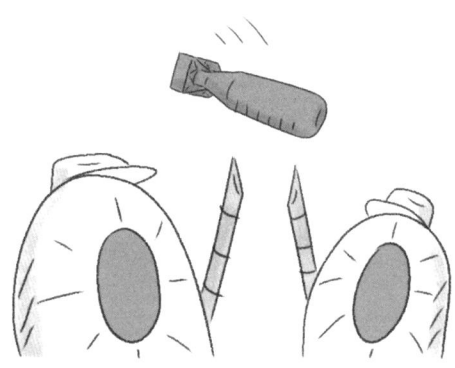

— 히로시마 원폭 투하 —
1945년

커뮤니티에 달린 댓글들

라**
과연 미국, 돈 많다고 무지성 어택땅을 찍는건 아니었군요

히터는눈앞에******
저때 교토도 물망에 올랐었는데 장관 중 하나가 거기에 신혼여행 갔다 왔다고 반대했다는데

우리****
조선인들 갑자기 독립 어리둥절

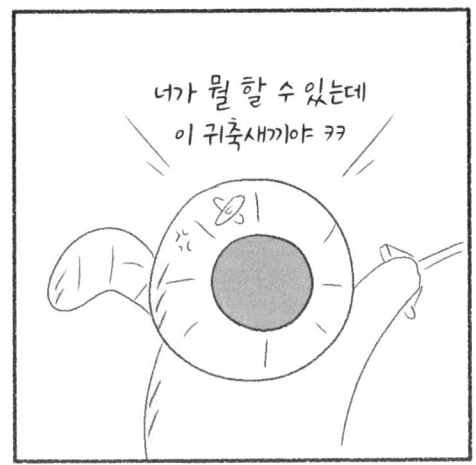

※귀축영미 : 귀신과 가축 같은 영국과 미국

그래서 핵폭격을 했슴니다.

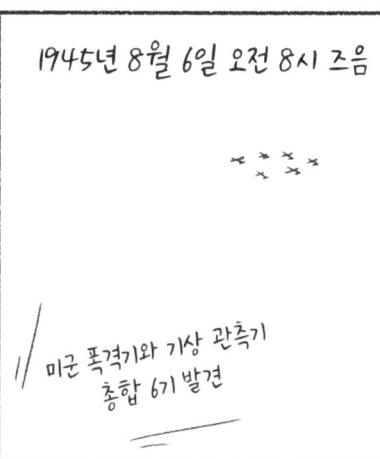

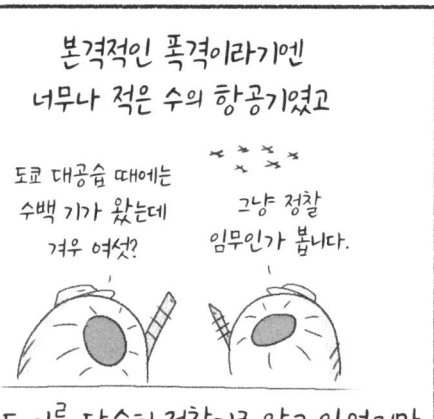

폭탄이 터지자마자
폭심지 주변의 모든 것이 사라졌다.
거리의 나무, 목재로 지은 상점

그리고 사람까지 전부

첫 폭발로 죽은 사람들은
그래도 깔끔한 죽음을 맞은 셈이었다

더 끔찍한 것들이 남은 사람들을 덮쳤으니까

방사능 물질이 대기의 수분과 섞여,
검은 비가 온종일 도시에 내렸고

그 빗물을 받아먹은 사람들은
고통에 몸부림치다 숨을 거두었다

급히 달려온 의사들과 구조대원들조차
아무것도 할 수 없었다.

방사능의 힘은 폭탄을 투하한 미국조차
가늠하기 어려운 것이었기에

그들이 할 수 있는 것은
그저 사람들이 마지막에 토해내는
단말마를 들어주는 것뿐이었다.

28장
현 시간부로 중국과 나는 한몸으로 일체가 된다

― 2차 국공내전 ―
1946~1949년

커뮤니티에 달린 댓글들

시계를**
이때부터 우리가 아는기나긴 대만 - 중국 분쟁이 시작되죠.

새벽다섯**
저때 국민당의 부패가 어느 정도였냐면 지원금 절반 정도가 누군가의 주머니로 들어갔음 ㅋㅋㅋㅋ 그 상태에서 전쟁을 이길 수 있을 리가

모형마형**
결국 최후의 승사는 마오쩌둥인가

8년에 걸친 중국과 일본의 전쟁이 끝나고

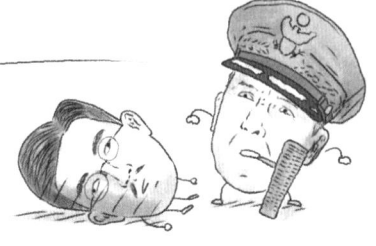

이제 중국 대륙에는, 2가지 세력이 남아 있었다!

나는 중국이다. 중국은 나 없이 아무것도 이뤄낼 수 없다.

일본이 중국을 침략해줘서 고맙다.

끝까지 항복하지 않고 중국을 승전국으로 만든, 똥고집 장제스!

무너지기 직전의 상황에서 일본 덕에 겨우 숨을 돌린 마오쩌둥!

그리고 쩌리 군벌 몇 명

야! 왜 우리가 쩌리야!

눈치 빠른 군벌들은 이미 국민당이나 공산당 편으로 붙어버렸거든

국민당과 공산당 모두 겉으로는 일본을 물리쳤다는 사실에 화기애애 했지만

중국 짱!

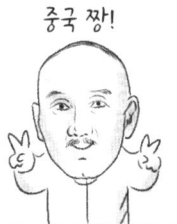

중국 짱!

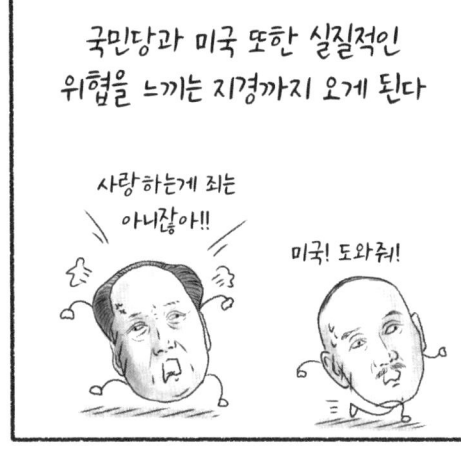

국민당의 부패는 미국이 생각한 것보다 훨씬 심각했고

미국이 보내준 물자는 물론, 비축해 둔 물자까지 팔아버린 국민당군

거기에 이런 상황임에도 급작스럽게 전쟁을 시작하며,

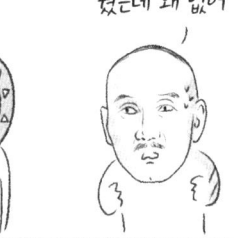

안 그래도 허약한 국민당군이 더 빠르게 무너지는 단초를 제공했다

반면 공산당은 국민당에 파고든 첩자, 협력자들로 파괴공작을 일으켜

국민당군의 진군을 막고 전쟁을 질질 끄는 데 성공했다

초기에는 먼저 공세를 시작한 국민당군이 우세한 형국을 보였으나 	깊숙이 들어간 국민당군이 공산당의 첩자들로 인해 고립되고 	곧이어 무장이 튼튼한 공산당군이 이들을 각개격파하자 
국민당군은 위기에 처하고  장제스마저 실각하기에 이른다!	물론 그렇다고 대책이 생기는 것이 아니었기에,   국민당의 요청으로 평화 회담이 열렸지만	
 이 회담 역시 결렬	공산당이 마침내 양쯔강을 넘어 상하이와 난징을 공격하기 시작하자 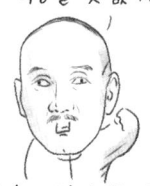 허술했던 국민당군의 마지막 방어선이 무너졌다.	

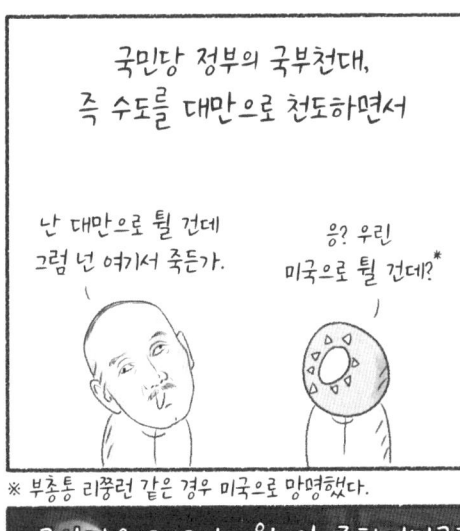

※ 부총통 리쭝런 같은 경우 미국으로 망명했다.

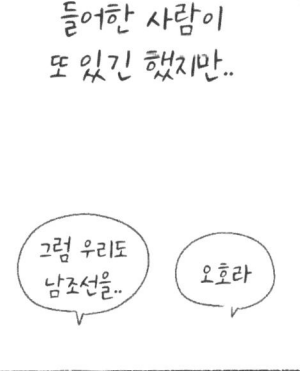

사진 및 그림 출처

청일전쟁 편 233쪽
https://commons.wikimedia.org/wiki/File:Battle_of_the_Yellow_Sea_by_Korechika.jpg

234쪽
https://commons.wikimedia.org/wiki/File:China_imperialism_cartoon.jpg

러일전쟁 편 241쪽
https://en.m.wikipedia.org/wiki/File:Assaut-Kin-Tch%C3%A9ou.jpg

242쪽
https://en.wikipedia.org/wiki/File:Japanese_Fleet_Proceeding_Toward_The_Baltic_Fleet.jpg

243쪽
https://commons.wikimedia.org/wiki/File:Japanese_infantry_1905.jpg

난징함락 편 262쪽
https://commons.wikimedia.org/wiki/File:Check_of_Chinese_soldiers_in_Nanking01.jpg

263쪽
https://en.wikipedia.org/wiki/File:Photo_02_in_Nanjing_Massacre_(Itou_Kaneo%27s_Album).jpg

https://en.wikipedia.org/wiki/File:Nanking_bodies_1937.jpg

진주만 편 270쪽
https://commons.wikimedia.org/wiki/File:USSArizona_PearlHarbor.jpg

271쪽
https://en.wikipedia.org/wiki/File:USS_West_Virginia2.jpg
https://en.wikipedia.org/wiki/File:Fdr_delivers_speech.jpg
https://commons.wikimedia.org/wiki/File:Franklin_Roosevelt_signing_declaration_of_war_against_Japan.jpg

필리핀 탈환 편 297쪽
https://commons.wikimedia.org/wiki/File:Douglas_MacArthur_lands_Leyte1.jpg

도쿄대 공습 편	**302쪽** https://commons.wikimedia.org/wiki/File:Firebombing_of_Tokyo.jpg https://commons.wikimedia.org/wiki/File:Photo-TokyoAirRaids-1945-3-10-Destroyed_Nakamise-3.png **303쪽** https://commons.wikimedia.org/wiki/File:B-29_bombing.jpg https://commons.wikimedia.org/wiki/File:B-29_bombers_over_Mount_Fuji.jpg **305쪽** https://en.wikipedia.org/wiki/File:Raising_the_Flag_on_Iwo_Jima,_larger_-_edit1.jpg
무조건 항복 편	**309쪽** https://commons.wikimedia.org/wiki/File:Atomic_bombing_of_Japan.jpg **311쪽** https://en.wikipedia.org/wiki/File:Pyrocumulonimbus_cloud_over_Hiroshima,_near_local_noon._Aug_6_1945.jpg **312쪽** https://en.wikipedia.org/wiki/File:Hiroshima_aftermath.jpg https://en.wikipedia.org/wiki/File:Hiroshima_Dome_1945.gif **314쪽** https://en.wikipedia.org/wiki/File:Mamoru_Shigemitsu_signs_the_Instrument_of_Surrender,_officially_ending_the_Second_World_War.jpg
2차 국공내전 편	**321쪽** https://commons.wikimedia.org/wiki/File:Mao_Proclaiming_New_China.JPG

전쟁으로 보는 동양사

초판 1쇄 발행 2023년 12월 31일

글	살라흐 앗 딘
그 림	압둘와헤구루
펴 낸 이	김동하
편 집	이주형
마 케 팅	강현지
펴 낸 곳	부커
출판신고	2015년 1월 14일 제2016-000120호
주 소	(10881) 경기도 파주시 산남로 5-86
문 의	(070) 7853-8600
팩 스	(02) 6020-8601
이 메 일	books-garden1@naver.com
인스타그램	instagram.com/thebooks.garden/

ISBN 979-11-6416-188-1 (07910)

이 책은 저작권법에 따라 보호받는 저작물이므로 무단 전재와 무단 복제를 금합니다.
잘못된 책은 구입처에서 바꾸어 드립니다.
책값은 뒤표지에 있습니다.